OL'IMPIE

TRAGÉDIE

NOUVELLE

DE Mr. DE VOLTAIRE.

Suivie de Remarques Historiques.

FRANCFORT & LEIPSIC,

M.DCC.LXIII.

AVIS DE L'EDITEUR.

Voici une nouvelle Tragédie. J'éspére que le Public me saura gré de la lui préfenter.

Mr. de VOLTAIRE en envoya le Ma-nufcrit, il y a quelque temps, à S. A. S. E. Mgr. l'Electeur Palatin. Ce Prince con-nu dans l'Europe par des talents qui le rendent plus refpectable fur le trône, vou-

)(2

lut

lut voir *l'éffet de cette Piéce.   Il la fit jouer par fes Comédiens fur le Théâtre de Schwetzingen le 30. Sept. & le 7. Octobre de l'Année paffée, tandis que l'Auteur de fon côté en effayait chez lui des repréfentations.   L'Auteur qui m'honore de fa correfpondance, & fous les ordres du quel j'ai eu le bonheur de travailler autrefois cinq ans, m'envoya auffi le Manufcrit de cette Piéce, & me fit parvenir les changements qu'il y faifait tous les jours.   Spectateur des repréfentations qu'on donna de cette Tragédie à Schwetzingen, je l'inftruifis du fuccès qu'elle y avait eu, & je pris la liberté de lui faire part de quelques unes de mes obfervations.   Il daigna répondre à ces obfervations par des Remarques qui fe trouvent ici à la Suite de la Piéce.

Le

*Le genre de cette Tragédie a paru neuf. La pompe du Spectacle fut admirable dans le Palais de S. A. S. E. Beaucoup de situations théatrales & frappantes ont paru jetter de l'intérêt sur la conduite de la Piéce, & inspirer une pitié & une terreur attendrissantes. Tout contribua à l'horreur du dénouement & de la catastrophe. J'ose assûrer que de tous les coups de poignard qu'on se donne sur la Scéne tragique, aucun n'a plus attendri que la fin d'*OLIMPIE. *La décoration était magnifique. Le bucher disposé avec art faisait frémir; c'était de véritables flammes. L'Autel sur lequel était* OLIMPIE *laissait voir tout ce Spectacle. Les Prêtres & les Prêtresses arrangés loin d'elle en demi-cercle laissaient à la Princesse toute la liberté de se précipiter. Le Spectacle fut digne de toute la magnifi-*

X 3

cence

cence & de tout de le goût de Leurs Altef-
fes Séréniffimes Electorales.   Il ne man-
qua à cette Fête que le plaifir d'y voir celui
au quel je fuis fi attaché, & pour qui mon
Maître conferve les bontés les plus conftan-
tés.   Je lui donne une marque de mon
Zéle en faifant imprimer fon ouvrage.

COLINI,

Sécretaire Intime, & Hiftoriographe

de S. A. S. E. Palatine.

OLIM-

OLIMPIE

TRAGÉDIE.

OLIMPIE
TRAGÉDIE.

ACTE I.

SCENE I.

Le fond du Théatre repréſente un Temple dont les trois portes fermées ſont ornées de larges pilaſtres : les deux ailes forment un vaſte Péri-ſtile. SOSTENE eſt dans le Périſtile ; la grande porte s'ouvre ; CASSANDRE trou-blé & agité vient à lui. La grande porte ſe referme.

CASSANDRE.

Soſténe, on va finir ces miſtéres terribles.
Caſſandre eſpére enfin des Dieux moins
        inféxibles.
Mes jours ſeront plus purs, & mes ſens moins
        troublés.
Je reſpire.

A

So-

OLIMPIE,

SOSTENE.

Seigneur, près d'Ephéſe aſſemblés,
Les guerriers qui ſervaient ſous le Roi vôtre
pére,
Ont fait entre mes mains le ſerment ordinaire.
Déja la Macédoine a reconnu vos loix.
De ſes deux Protecteurs Ephéſe a fait le choix.
Cet honneur qu'avec vous Antigone partage,
Eſt de vos grands deſtins un auguſte préſage.
Ce régne qui commence à l'ombre des Autels,
Sera béni des Dieux & chéri des mortels.
Ce nom d'Initié qu'on révére & qu'on aime,
Ajoute un nouveau luſtre à la grandeur ſu-
prême.
Paraiſſez.

CASSANDRE.

Je ne puis: tes yeux ſeront témoins
De mes premiers devoirs & de mes premiers
ſoins.
Demeure en ces Parvis. --- Nos auguſtes
Prêtreſſes
Préſentent Olimpie aux Autels des Déeſſes.
Elle expie en ſecrêt, remiſe entre leurs bras,
Mes malheureux forfaits qu'elle ne connait pas.
D'aujourd'hui je commence une nouvelle vie.
Puiſſe-tu pour jamais, chére & tendre Olimpie,
Ignorer ce grand crime avec peine effacé,
Et quel ſang t'a fait naître , & quel ſang j'ai
verſé!

So-

Et que vôtre vertu diſſipant mon éffroi,
Soit icy ma défenſe, & parle aux Dieux pour
                              moi ——
    Eh quoi! vers ces Parvis à peine ouverts
                              encore,
Antigone s'approche, & devance l'aurore!

SCENE II.

CASSANDRE, SOSTÉNE, ANTIGONE, HERMAS.

ANTIGONE (*à Hermas au fond.*)

Ce Secret m'importune, il le faut arracher.
Je lirai dans ſon cœur ce qu'il croit me
                              cacher.
Va, ne t'écarte pas.

CASSANDRE. (*à Antigone.*)

                    Quand le jour luit à peine,
Quel ſujet ſi preſſant près de moi vous amène?

ANTIGONE.

Nos interêts. Caſſandre, après que dans ces
                              lieux
Vos expiations ont ſatisfait les Dieux,

Il est temps de songer à partager la Terre.
D'Ephése en ces grands jours ils écartent la
              guerre.
Vos mistères secrêts des Peuples respectés,
Suspendent la discorde & les calamités;
C'est un temps de repos pour les fureurs des
              Princes.
Mais ce repos est court, & bientôt nos Pro-
              vinces
Retourneront en proïe aux flammes, aux com-
              bats
Que ces Dieux arrêtaient, & qu'ils n'étei-
              gnent pas.
Antipatre n'est plus.   Vos soins, vôtre cou-
              rage
Sans doute acheveront son important ouvrage.
Il n'eût jamais permis que l'ingrat Séleucus,
Le Lagide insolent, le traître Antiochus,
D'Aléxandre au tombeau dévorant les con-
              quêtes,
Osassent nous braver, & marcher sur nos têtes.

C A S S A N D R E.

Plût aux Dieux qu'Aléxandre à ces ambitieux,
Fît du haut de son trône encor baisser les
              yeux !
Plût aux Dieux qu'il vécût !

A N T I G O N E.

              Je ne puis vous comprendre !
Est-ce au fils d'Antipatre à pleurer Aléxandre !
                                        Qui

Une seconde fois faffent trembler l'Euphrate.
De tous ces nouveaux Rois dont la grandeur
                              éclate,
Nul n'eft digne de l'être, & dans fes premiers
                              ans
N'a fervi, comme nous, le vainqueur des Per-
                              fans.
Tous nos chefs ont péri.

CASSANDRE.

                Je le fçais, & peut-être
Dieu les immola tous aux mânes de leur maître.

ANTIGONE.

Nous reftons, nous vivons, nous devons ré-
                              tablir
Ces débris tout fanglants qu'il nous faut re-
                              cuellir.
Aléxandre en mourant les laiffait au plus digne.
Si j'ofe les faifir, fon ordre me défigne.
Affurez ma fortune ainfi que vôtre fort.
Le plus digne de tous fans doute eft le plus fort.
Relevons de nos Grecs la puiffance détruite:
Que jamais parmi nous la difcorde introduite
Ne nous expofe en proie à ces tirans nouveaux,
Eux qui n'étaient pas nés pour marcher nous
                              égaux.
Me le promettez-vous?

CAS-

CASSANDRE.

      Ami, je vous le jure;
Je suis prêt à venger nôtre commune injure.
Le sceptre de l'Asie est dans d'indignes mains,
Et l'Euphrate, & le Nil ont trop de Souve-
         rains.
Je combattrai pour moi, pour vous, & pour
        la Gréce.

ANTIGONE.

J'en crois vôtre interêt, j'en crois vôtre pro-
        messe,
Et surtout je me fie à la nôble amitié
Dont le nœud respectable avec vous m'a lié.
Mais de cette amitié je vous demande un gage,
Ne me refusez pas.

CASSANDRE.

      Ce doute est un doutrage.
Ce que vous demandez, est-il en mon pouvoir ?
C'est un ordre pour moi, vous n'avez qu'à
        vouloir.

ANTIGONE.

Peut-être vous verrez avec quelque surprise
Le peu qu'à demander l'amitié m'autorise.
Je ne veux qu'une esclave.

             CAS-

SCENE III.

ANTIGONE, HERMAS, (*dans le Périftile.*)

HERMAS.

Seigneur, vous m'étonnez: quand l'Afie en
     allarmes,
Voit cent trônes fanglants difputés par les
     armes,
Quand des vaftes Etats d'Aléxandre au tombeau
La fortune prépare un partage nouveau,
Lorfque vous prétendez au fouverain Empire,
Une Efclave eft l'objet où ce grand cœur afpire !

ANTIGONE.

Tu dois t'en étonner: J'ai des raifons, Hermas,
Que je n'ofe encor dire, & qu'on ne connait
     pas.
Le fort de cette Efclave eft important peut-être
A tous les Rois d'Afie, à quiconque veut l'être.
A quiconque en fon fein porte un affez grand
     cœur
Pour ofer d'Aléxandre être le Succeffeur.
Sur le nom de l'Efclave, & fur fes avantures
J'ai formé dès longtemps d'étranges conjec-
     tures.
J'ai voulu m'éclaircir: mes yeux dans ces tem-
     parts
Ont quelquefois fur elle arrêté leurs regards.

Ses

Ses traits, les lieux, le temps où le Ciel la fit
                              naître,
Les respects étonnants que lui prodigue un
                              maître,
Les remords de Cassandre, & ses obscurs dis-
                              cours,
A ces soupçons secrêts ont prêté des secours.
Je crois avoir percé ce ténébreux mistére.

HERMAS.

On dit qu'il la chérit, & quil l'éléve en pére.

ANTIGONE.

Nous verrons . . . . .   Mais on ouvre, & ce
                    Temple sacré
Nous découvre un autel de guirlandes paré.
Je vois des deux côtés les Prêtresses paraître ;
Au fond du sanctuaire est assis le Grand-Prêtre.
Olimpie & Cassandre arrivent à l'autel !

SCENE IV.

Les trois portes du Temple sont ouvertes. On découvre tout l'intérieur. Les Prêtres d'un côté & les Prêtresses de l'autre, s'avancent lentement. Ils sont tous vétus de robes blanches avec des ceintures bleuës dont les bouts pendent à terre. CASSANDRE & OLIMPIE mettent la main sur l'Autel. ANTIGONE & HERMAS restent dans le Péristile.

CASSANDRE.

Dieu des Rois & des Dieux, Etre unique, éternel !
Dieu qu'on m'a fait connaître en ces fêtes augustes,
Qui punis les pervers, & qui soutiens les justes,
Près de qui les remords effacent les forfaits,
Confirmes, Dieu clément, les serments que je fais. ---
Recevez ces serments, adorable Olimpie ;
Je soumets à vos loix & mon trône & ma vie,
Je vous jure un amour aussi pur, aussi saint,
Que ce feu de Vesta qui n'est jamais éteint. ---
Et vous Filles des Cieux, vous augustes Prêtresses,
Portez avec l'encens mes vœux & mes promesses
Au trône de ces Dieux qui daignent m'écouter,
Et détournez les traits que je peux mériter.

OLIM-

OLIMPIE.

Protégez à jamais, ô Dieux en qui j'espère,
Le maître généreux qui m'a servi de père,
Mon amant adoré, mon respectable époux.
Qu'il soit toujours chéri, toujours digne de
               vous.
Mon cœur vous est connu. Son rang & sa
           couronne
Sont les moindres des biens que son amour
            me donne.
Temoins des tendres feux par lui seul in-
            spirés,
Soiez-en les garants, vous qui les consacrez.
Qu'il m'apprênne à vous plaire, & que vôtre
            justice
Me prépare aux enfers un éternel suplice
Si j'oublie un moment, infidéle à vos loix,
Et l'état où je fus, & ce que je lui dois.

CASSANDRE.

Rentrons au Sanctuaire où mon bonheur m'ap-
            pelle.
Prêtresses, disposez la pompe solemnelle,
Par qui mes jours heureux vont commencer
           leur cours;
Sanctifiez ma vie, & nos chastes amours.
J'ai vu les Dieux au Temple, & je les vois
           en elle;
Qu'il me haïssent tous si je suis infidelle! ——
                Anti-

Antigone, en ces lieux vous m'avez entendu.
Aux vœux que vous formiez, ai - je affez ré-
pondu?
Vous même prononcez, si vous deviez pré-
tendre,
A voir entre vos mains l'Efclave de Caffandre.
Sachez que ma couronne, & toute ma gran-
deur
Sont de faibles préfents indignes de fon cœur.
Quelque étroite amitié qui tous deux nous
uniffe,
Jugez fi j'ai dû faire un pareil facrifice.
*(Ils rentrent dans le Temple, & les portes
fe ferment.)*

SCENE V.

ANTIGONE, HERMAS *(dans le Périftile.)*

ANTIGONE.

Va, je n'en doute plus, & tout m'eft dé-
couvert.
Il m'a voulu braver, mais fois fûr qu'il fe
perd.
Je reconnais en lui la fougueufe imprudence
Qui tantôt fert les Dieux, & tantôt les offenfe,
Ce caractére ardent qui joint la paffion
Avec la Politique & la Religion,

B 2

Prompt,

Prompt, facile, superbe, impétueux & tendre,
Prêt à se repentir, prêt à tout entreprendre.
Il épouse une Esclave! Ah ! tu peux bien
                                    penser
Que l'amour à ce point ne sçaurait s'abaisser.
Cette Esclave est d'un sang que lui - même il
                                    respecte.
De ses desseins cachés la trame est trop suspecte.
Il se flatte en secrêt qu' Olimpie a des droits
Qui pourront l'élever au rang de Roi des
                                    Rois.
S'il n'était qu'un amant, il m'eût fait confi-
                                    dence
D'un feu qui l'emportait à tant de violence.
Va, tu verras bientôt succéder sans pitié
Une haine implacable à la faible amitié.

H E R M A S.

A son cœur égaré vous imputez peut-être
Des desseins plus profonds que l'amour n'en fait
                                    naître.
Dans nos grands interêts souvent nos actions
Sont, vous le sçavez trop, l'effet des passions.
On se déguise envain, leur pouvoir tirannique;
Le faible quelquefois passe pour politique.
Et Cassandre n'est pas le premier Souverain
Qui chérit une Esclave & lui donna la main.
J'ai vu plus d'un héros subjugué par sa
                                    flamme,
Superbe avec les Rois, faible avec une femme.

                                    AN-

ANTIGONE.

Tu ne dis que trop vrai. Je pèſe tes raiſons.
Mais tout ce que j'ai vu, confirme mes ſoup-
              çons.
Te le dirai-je enfin? les charmes d'Olimpie
Peut-être dans mon cœur portent la jalouſie.
Tu n'entrevois que trop mes ſentiments ſe-
              crêts.
L'amour ſe joint peut-être à ces grands in-
              terêts.
Plus que je ne penſais leur union me bleſſe.
Caſſandre eſt-il le ſeul en proie à la faibleſſe!

HERMAS.

Mais il comptait ſur vous. Les tîtres les plus
              ſaints.
Ne pourront-ils jamais unir les Souverains?
L'alliance, les dons, la fraternité d'armes,
Vos périls partagés, vos communes allarmes,
Vos ſerments redoublés, tant de ſoins, tant
              de vœux,
N'auraient-ils donc ſervi qu'au malheur de
              tous deux!
De la ſainte amitié n'eſt-il donc plus d'exem-
              ples!

ANTIGONE.

L'Amitié, je le ſçais, dans la Gréce a des
              Temples;

                    L'in-

L'interêt n'en a point, mais il eſt adoré.
D'ambition ſans doute, & d'amour enviré,
Caſſandre m'a trompé ſur le ſort d'Olimpie.
De mes yeux éclairés Caſſandre ſe défie.
Il n'a que trop raiſon.   Va, peut - être au-
                                jourd'hui
L'objet de tant de vœux n'eſt pas encor à lui.

H E R M A S.

Il a reçu ſa main. ---- Cette enceinte ſacrée

(Les Initiés, les Prêtres, & les Prêtreſſes tra-
verſent le fond de la Scéne en proceſſion,
aiant des Palmes ornées de fleurs dans les
mains.)

Voit deja de l'Himen la pompe préparée,
Tous les Initiés de leurs Prêtres ſuivis,
Les palmes dans les mains inondent ces Parvis,
Et l'Amour le plus tendre en ordonne la fête.

A N T I G O N E.

Non, te dis - je, on pourra lui râvir ſa con-
                                quête. ----
Viens, je confierai tout à ton zèle, à ta
                                foi;
J'aurai les loix, les Dieux, & les peuple
                                pour moi.

Fuion

Fuions pour un moment ces pompes qui m'ou-
tragent,
Entrons dans la carrière où mes deſſeins m'en-
gagent,
Arroſons, s'il le faut, ces aſyles ſi ſaints,
Moins du ſang des taureaux, que du ſang des
Humains.

Fin du premier Acte.

ACTE

ACTE II.

SCENE I.

L'HIEROPHANTE, LES PRETRES, LES PRETRESSES.

*Les trois portes du Temple sont ouvertes. Quoi-
que cette Scéne, & beaucoup d'autres, se paf-
sent dans l'intérieur du Temple, cependant,
comme les Théatres sont rarement construits
d'une maniére favorable à la voix, les Acteurs
sont obligés d'avancer dans le Péristile ; mais
les trois portes du Temple ouvertes, désignent
qu'on est dans le Temple.*

L'HIEROPHANTE.

Quoi ! dans ces jours sacrés ! Quoi ! dans
       ce Temple auguste !
Où Dieu pardonne au crime, & console le
       juste,
Une seule Prêtresse oserait nous priver
Des expiations qu'elle doit achever !
Quoi ! d'un si saint devoir Arzane se dif-
       pense !

UNE

UNE PRETRESSE. (*)

Arzane en sa retraite, obstinée au silence,
Arrosant de ses pleurs les images des Dieux,
Seigneur, vous le savez, se cache à tous les
      yeux.
En proie à ses chagrins, de langueurs affaiblie
Elle implore la fin d'une mourante vie.

L'HIEROPHANTE.

Nous plaignons son état, mais il faut obéir;
Un moment aux Autels elle pourra servir.
Depuis que dans ce Temple elle s'est enfermée,
Ce jour est le seul jour où le sort l'a nommée.
Qu'on la fasse venir. (**)   La volonté du Ciel
Demande sa présence & l'appelle à l'Autel.
De guirlandes de fleurs par elle couronnée
Olimpie en triomphe aux Dieux sera menée.
Cassandre initié dans nos secrêts divins,
Sera purifié par ses augustes mains.
Tout doit être accompli.   Nos rites, nos
      mistéres,
Ces ordres que les Dieux ont donnés à nos
      péres,
Ne peuvent point changer, ne sont point in-
      certains,
Comme ces faibles loix qu'inventent les Hu-
      mains.

B 5   SCE-

____

(*) Ce rôle doit être joué par la Prêtresse inférieure qui est attachée à Statira.
(**) La Prêtresse inférieure va chercher Arzane.

SCENE II.

L'HIEROPHANTE, PRETRES, PRE-TRESSES, STATIRA.

L'HIEROPHANTE *(à Statira.)*

Venéz ; vous ne pouvez, à vous - même
         contraire,
Refuſer de remplir vôtre ſaint miniſtére.
Depuis l'inſtant ſacré qu'en cet aſyle heureux
Vous avez prononcé d'irrévocables vœux,
Ce grand jour eſt le ſeul où Dieu vous a choiſie,
Pour annoncer ſes loix aux vainqueurs de l'Aſie.
Soiez digne du Dieu que vous repréſentez.

STATIRA.

(Couverte d'un voile qui accompagne ſon viſage ſans le cacher, & vêtue comme les autres Prêtreſſes.)

O Ciel! après quinze ans qu'en ces murs écar-
         tez,
Dans l'ombre du ſilence au Monde inacceſſible,
J'avais enſeveli ma deſtinée horrible,
Pourquoi me tires - tu de mon obſcurité!
Tu veux me rendre au jour, à la calamité. —
         (à l'Hierophante.)
Ah! Seigneur, en ces lieux lorsque je ſuis
         venue,
                C'était

C'était pour y pleurer, pour mourir inconnue.
Vous le savez.

L'HIEROPHANTE.

            Le Ciel vous préscrit d'autres loix ;
Et quand vous présidez pour la premiére fois
Aux pompes de l'himen, à nôtre grand miftére,
Vôtre nom, vôtre rang ne peuvent plus se
                                taire.
Il faut parler.

STATIRA.

            Seigneur, qu'importe qui je sois !
Le sang le plus abject, le sang des plus grands
                                Rois,
Ne font-ils pas égaux devant l'Etre suprême ?
On est connu de lui bien plus que de soi-
                                même.
De grands noms autrefois avaient pû me flatter ;
Dans la nuit de la tombe il les faut emporter.
Laissez-moi pour jamais en perdre la mémoire.

L'HIEROPHANTE.

Nous renonçons sans doute à l'orgueil, à la
                                gloire ;
Nous pensons comme vous : mais la Divinité
Exige un aveu simple, & veut la vérité.
Parlez . . . Vous frémissez !

                                STA-

S T A T I R A.

Vous frémirez vous-même. ——
(*Aux Prêtres & aux Prêtresses.*)

—— Vous qui servez d'un Dieu la Majesté suprême,
Qui partagez mon sort à son culte attachés,
Qu'entre vous & ce Dieu mes secrêts soient
cachés.

L' H I E R O P H A N T E.

Non vous le jurons tous.

S T A T I R A.

Avant que de m'entendre,
Dites-moi s'il est vrai que le cruel Cassandre
Soit icy dans le rang de nos Initiés ?

L' H I E R O P H A N T E.

Oui, Madame.

S T A T I R A.

Il a vû ses forfaits expiés ! . . . .

L' H I E R O P H A N T E.

Hélas ! tous les Humains ont besoin de clé-
mence.
Si Dieu n'ouvrait ses bras qu'à la seule innocence,
Qui viendrait dans ce Temple encenser les
Autels ?

Dieu

Dieu fit du repentir la vertu des mortels.
Tel eft l'ordre éternel à qui je m'abandonne,
Que la Terre eft coupable, & que le Ciel par-
　　　　　　　　　　　donne.

S T A T I R A.

Eh bien, fi vous favez pour quel excés d'hor-
　　　　　　　　　　　reur,
Il demande fa grace, & craint un Dieu vangeur,
Si vous êtes inftruit qu'il fit périr fon maître;
(Et quel maître, grands Dieux !) Si vous
　　　　　　　　　pouvez connaître,
Quel fang il répandit dans nos murs enflammés,
Quand aux yeux d'Alexandre à peine encor fer-
　　　　　　　　　　　més,
Aiant ofé percer fa Veuve gémiffante,
Sur le corps d'un époux il la jetta mourante,
Vous ferez plus furpris, lorfque vous appren-
　　　　　　　　　　　drez
Des fecréts jufqu'ici de la Terre ignorés.
Cette femme élevée au comble de la gloire,
Dont la Perfe fanglante honore la mémoire,
Veuve d'un demi-Dieu, fille de Darius, —
Elle vous parle ici, ne l'interrogez plus.

(*Les Prêtres & les Prêtreffes élévent les mains, &
　　s'inclinent.*)

L'H I E R O P H A N T E.

O Dieux ! qu'ai-je entendu ! Dieux que le cri-
　　　　　　　　　me outrage,
　　　　　　　　　　　　　　De

De quels coups vous frappez ceux qui font vôtre image !
Statira dans ce Temple ! Ah ! fouffrez qu'à genoux
Dans mes profonds refpects . . . . . .

S T A T I R A.

Grand-Prêtre levez-vous.
Je ne fuis plus pour vous la maitreffe du Monde ;
Ne refpectez ici que ma douleur profonde.
Des grandeurs d'ici bas voiez quel eft le fort.
Ce qu'éprouva mon pére au moment de fa mort,
Dans Babilone en fang je l'éprouvai de même.
Darius, Roi des Rois, privé du diadéme,
Fuiant dans des déferts, errant, abandonné,
Par fes propres amis fe vit affaffiné.
Un étranger, un pauvre, un rebut de la terre,
De fes derniers moments foulagea la mifére.

(*Montrant la Prêtreffe inferieure.*)

Voiez-vous cette femme, étrangére en ma Cour,
Sa main, fa feule main m'a confervé le jour.
Seule elle me tira de la foule fanglante
Où mes lâches amis me laiffaient expirante.
Elle eft Ephéfienne ; elle guida mes pas
Dans cet augufte afyle au bout de mes Etats.
Je vis par mille mains ma dépouille arrachée,
De mourants & de morts la campagne jonchée,
Les foldats d'Aléxandre érigés tous en Rois,
Et les larcins publics appellés grands exploits.
J'eus

J'eus en horreur le monde, & les maux qu'il
enfante.
Loin de lui pour jamais je m'enterrai vivante.
Je pleure, je l'avoue, une fille, une enfant
Arrachée à mes bras fur mon corps tout fang-
lant.
Cette étrangére ici me tient lieu de famille.
J'ai perdu Darius, Aléxandre & ma fille;
Dieu feul me refte.

L'HIEROPHANTE.

Hélas! qu'il foit donc vôtre appui!
Du trône où vous étiez, vous montez jufqu'à lui.
Son Temple eft vôtre Cour.   Soiez y plus
heureufe
Que dans cette grandeur augufte & dangereufe,
Sur ce trône terrible, & par vous oublié,
Devenu pour la terre un objet de pitié.

STATIRA.

Ce Temple quelquefois, Seigneur, m'a confolée.
Mais vous devez fentir l'horreur qui m'a troublée.
En voiant que Caffandre y parle aux mêmes Dieux
Contre fa tête impie implorés par mes vœux.

L'HIEROPHANTE.

Le facrifice eft grand, je fens trop ce qu'il
coûte;
Mais nôtre loi vous parle, & vôtre cœur l'é-
coute.
Vous l'avez embraffée.

STA-

S T A T I R A.

Aurais-je pu prévoir,
Qu'elle dût m'impofer cet horrible devoir!
Je fens que de mes jours, ufés dans l'amertume,
Le flambeau paliffant s'éteint & fe confume.
Et ces derniers moments que Dieu veut me
donner,
A quoi vont-ils fervir?

L' H I E R O P H A N T E.

Peut-être à pardonner.
Vous-même vous avez tracé vôtre carrière;
Marchez y fans jamais regarder en arrière.
Les mânes affranchis d'un corps vil & mortel
Goûtent fans paffions un repos éternel.
Un nouveau jour leur luit, ce jour eft fans
nuage;
Ils vivent pour les Dieux, tel eft nôtre partage.
Une retraite heureufe améne au fond des cœurs
L'oubli des ennemis, & l'oubli des malheurs.

S T A T I R A.

Il eft vrai; je fus Reine, & ne fuis que Prétreffe.
Dans mon devoir affreux foutenez ma faibleffe.
Que faut-il que je faffe?

L' H I E R O P H A N T E.

Olimpie à genoux
Doit d'abord en ces lieux fe jetter devant vous.
C'eft à vous à bénir cet illuftre himênée.

S T A.

STATIRA.

Je vais la préparer à vivre infortunée :
C'est le sort des humains.

L'HIÉROPHANTE.

               Le feu sacré, l'encens,
L'eau lustrale, les dons offerts aux Dieux
                    puissans,
Tout sera présenté par vos mains respectables.

STATIRA.

Et pour qui! malheureuse! Ah! mes jours dé-
                  plorables
Jusqu'au dernier moment font-ils chargés
                  d'horreur !
J'ai cru dans la retraite éviter mon malheur;
Le malheur est par tout; je m'étais abusée.
Allons, suivons la loi par moi-même imposée.

L'HIÉROPHANTE.

Adieu, je vous admire autant que je vous
                  plains.
Elle vient près de vous.

(Il sort.)

S C E N E III.

STATIRA, OLIMPIE. (*Le Théatre tremble.*)

S T A T I R A.

Lieux funébres & faints,
Vous frémiffez ! —— J'entends un horrible
murmure !
Le Temple eft ébranlé ! —— Quoi ! toute la
nature
S'émeut à fon afpect ! Et mes fens éperdus
Sont dans le même trouble & reftent confon-
dus !

O L I M P I E. (*éffraiée.*)

Ah ! Madame ! . . .

S T A T I R A.

Approchez, jeune & tendre victime,
Cet augure éffraiant femble annoncer le crime,
Vos attraits femblent nés pour la feule vertu.

O L I M P I E.

Dieux juftes ! foutenez mon courage abattu ! ——
Et vous, de leurs decrêts augufte confidente,
Daignez conduire ici ma jeuneffe innocente ;
Je fuis entre vos mains, diffipez mon effroi.

STA.

STATIRA.

Ah! j'en ai plus que vous. —— Ma fille em-
braffez-moi. ——
Du fort de vôtre époux étes-vous informée?
Quel eft vôtre païs? quel fang vous a formée?

OLIMPIE.

Humble dans mon état, je n'ai point attendu
Ce rang où l'on m'éléve, & qui ne m'eft pas
dû.
Caffandre eft Roi, Madame; il daigna dans
la Gréce,
A la Cour de fon pére élever ma jeuneffe.
Depuis que je tombai dans fes auguftes mains,
J'ai vû toujours en lui le plus grand des Hu-
mains.
Je chéris un époux, & je révère un maître;
Voilà mes fentiments, & voilà tout mon être.

STATIRA.

Qu'aifement, jufte Ciel, on trompe un jeune
cœur!
De l'innocence en vous que j'aime la candeur!
Caffandre a donc pris foin de vôtre deftinée?
Quoi! d'un Prince ou d'un Roi vous ne feriez
pas née!

OLIMPIE.

Pour aimer la vertu, pour en fuivre les loix,
Faut-il donc être né dans la pourpre des Rois?

S T A T I R A.

Non, je ne vois que trop le crime sur le
trône.

O L I M P I E.

Je n'étais qu'une Esclave.

S T A T I R A.

Un tel destin m'étonne.
Les Dieux sur vôtre front, dans vos yeux, dans
vos traits
Ont placé la noblesse ainsi que les attraits.
Vous Esclave !

O L I M P I E.

Antipatre en ma première enfance
Par le sort des combats me tint sous sa puis-
sance ;
Je dois tout à son fils.

S T A T I R A.

Ainsi vos premiers jours
Ont senti l'infortune, & vu finir son cours !
Et la mienne a duré tout le temps de ma
vie. ---
En quel temps, en quels lieux futes - vous
poursuivie
Par cet affreux destin qui vous mit dans les
fers ?
O L I M.

OLIMPIE.

On dit que d'un grand Roi, maître de l'Univers,
On termina la vie, on difputa le trône;
On déchira l'empire; & que dans Babilone
Caffandre conferva mes jours infortunés
Dans l'horreur du carnage au glaive abandon-
                                nés.

STATIRA.

Quoi! dans ces tems marqués par la mort d'
                        Aléxandre,
Captive d'Antipatre, & foumife à Caffandre!

OLIMPIE.

C'eft tout ce que j'ai fçû.   Tant de malheurs
                        paffés,
Par mon bonheur nouveau doivent être éffacés.

STATIRA.

Captive à Babilone! — O Puiffance éternelle,
Vous faites - vous un jeu des pleurs d'une mor-
                        telle?
Le lieu, le temps, fon âge ont éxcité dans
                        moi
La joïe & les douleurs, la tendreffe & l'éffroi.
Ne me trompe - je point? Le Ciel fur fon vi-
                        fage,
Du héros mon époux femble imprimer l'ima-
                        ge...

C 3

OLIM-

OLIMPIE.

Que dites-vous?

STATIRA.

Hélas! tels étaient ses regards,
Quand moins fier & plus doux, loin des sang-
                    lants hazards,
Rélevant ma famille au glaive dérobée,
Il la remit au rang dont elle était tombée;
Quand sa main se joignit à ma tremblante
                    main.
Illusion trop chére! espoir flatteur & vain!
Serait-il bien possible! —— Ecoutez-moi,
                    Princesse,
Ayez quelque pitié du trouble qui me présse;
N'avez-vous d'une mére aucun ressouvenir?

OLIMPIE.

Ceux qui de mon enfance ont pû m'entre-
                    tenir,
M'ont tous dit, qu'en ce temps de trouble &
                    de carnage,
Au sortir du berceau, je fus en esclavage.
D'une mère jamais je n'ai connu l'amour.
J'ignore qui je suis, & qui m'a mise au jour. —
Hélas! vous soupirez, vous pleurez, & mes
                    larmes
Se mêlent à vos pleurs, & j'y trouve des char-
                    mes. ——

Et

Eh quoi! vous me ferrez dans vos bras lan-
guiſſants!
Vous faites pour parler des efforts impuiſſants!
Parlez - moi.

STATIRA.

Je ne puis. --- Je ſuccombe ---
Olimpie!
Le trouble que je ſens me va coûter la vie.

SCENE IV.

STATIRA, OLIMPIE, L'HIEROPHANTE.

L'HIEROPHANTE.

O Prêtreſſe des Dieux! ô Reine des humains!
Quel changement nouveau dans vos triſtes deſtins!
Que nous faudra - t - il faire? & qu'allez vous
entendre?

STATIRA.

Des malheurs; je ſuis prête, & je dois tout
attendre.

L'HIEROPHANTE.

C'eſt le plus grand des biens, d'amertume
mêlé;

C 4 Mais

Mais il n'en eſt point d'autre.   Antigone trou-
blé,

Antigone, les ſiens, le peuple, les armées,
Toutes les voix enfin, par le zéle animées,
Tout dit que cet objet à vos yeux préſenté,
Qui longtemps comme vous fut dans l'ob-
ſcurité,

Que vos roïales mains vont unir à Caſſandre,
Qu'Olimpie . . . .

S T A T I R A

Achevez.

L'H I E R O P H A N T E.

Eſt fille d'Aléxandre.

S T A T I R A. (courant embraſſer Olimpie.)

Ah! mon cœur déchiré me l'a dit avant vous.
O ma fille! ô mon ſang! ô nom fatal & doux!
De vos embraſſements faut-il que je jouiſſe
Lorsque par vôtre hymen vous faites mon ſu-
plice !

O L I M P I E.

Quoi! vous ſeriez ma mére, & vous en gé-
miſſez !

S T A T I R A.

Non, je bénis les Dieux longtemps courroucés.

Je

Je fens trop la nature & l'éxcez de ma joie ;
Mais le Ciel me ravit le bonheur qu'il m'en-
                              voie ;
Il te donne à Caffandre !

OLIMPIE.

                         Ah ! fi dans vôtre flanc
Olimpie a puifé la fource de fon fang,
Si j'en crois mon amour, fi vous étes ma
                      mére,
Le généreux Caffandre a-t-il pû vous de-
                    plaire ?

L'HIEROPHANTE.

Ouï, vous étes fon fang, vous n'en pouvez
                      doûter,
Caffandre enfin l'avoue, il vient de l'attefter.
Pourrez-vous toutes deux avec lui réunies
Concilier enfin deux races ennemies !

OLIMPIE.

Qui ? lui ! vôtre ennemi ! tel ferait mon mal-
                      heur !

STATIRA.

D'Aléxandre ton pére, il eft l'empoifonneur.
Au fein de Statira dont tu tiens la naiffance,
Dans ce fein malheureux qui nourrit ton en-
                      fance,
                C 5   Que

Que tu viens d'embraſſer pour la première fois,
Il plongea le couteau dont il frappa les Rois.
Il me pourſuit enfin jusqu'au Temple d'Èphéſe ;
Il y brave les Dieux, & feint qu'il les appaiſe ;
A mes bras maternels il oſe te ravir ;
Et tu peux demander ſi je dois le haïr !

OLIMPIE.

Quoi ! d'Aléxandre ici le Ciel voit la famille !
Quoi ! vous étes ſa veuve ! Olimpie eſt ſa fille !
Et vôtre meurtrier, ma mére, eſt mon époux !
Je ne ſuis dans vos bras qu'un objet de cour-
roux !
Quoi ! cet himen ſi cher était un crime horrible !

L'HIEROPHANTE.

Eſpérez dans le Ciel.

OLIMPIE.

Ah ! ſa haine infléxible
D'aucune ombre d'éſpoir ne peut flatter mes
vœux ;
Il m'ouvrait un abîme en éclairant mes yeux.
Je vois ce que je ſuis, & ce que je dois être.
Le plus grand de mes maux eſt donc de me
connaître !
Je devais à l'autel où vous nous uniſſiez,
Expirer en victime, & tomber à vos pieds.

SCE-

SCENE V.

STATIRA, OLIMPIE, L'HIERO-PHANTE, un PRETRE.

LE PRETRE.

On menace le Temple; & les divins mistères
Sont bientôt profanés par des mains téméraires.
Les deux Rois désunis disputent à nos yeux
Le droit de commander où commandent les
       Dieux.
Voilà ce qu'annonçaient ces voûtes gémissantes,
Et sous nos pieds craintifs nos demeures trem-
       blantes.
Il semble que le Ciel veuille nous informer
Que la terre l'offense, & qu'il faut le calmer.
Tout un peuple éperdu que la discorde excite,
Vers les Parvis sacrés vole & se précipite.
Ephése est divisée entre deux factions.
Nous ressemblons bientôt aux autres Nations;
La sainteté, la paix, les mœurs vont dispa-
       raître;
Les Rois l'emporteront, & nous aurons un
       maître.

L'HIEROPHANTE.

Ah! qu'au moins loin de nous ils portent
      leurs forfaits.
         Qu'ils

Qu'ils laissent sur la terre un asyle de paix.
Leur interêt l'exige. ——   O mére auguste &
tendre,
Et vous ——- dirai-je, hélas ! l'épouse de Caf-
sandre ?
Aux pieds de ces Autels vous pouvez vous
jetter.
Aux Rois audacieux je vais me préfenter.
Je connais le refpect qu'on doit à leur cou-
ronnè ;
Mais ils en doivent plus à ce Dieu qui ladonne.
S'ils prétendent régner qu'ils ne l'irritent pas.
Nous fommes, je le fçais, fans armes, fans
foldats.
Nous n'avons que nos loix, voilà nôtre puif-
fance.
Dieu feul eft mon appui, fon temple eft ma dé-
fenfe.
Et fi la tirannie ofait en approcher,
C'eft fur mon corps fanglant qu'il lui faudra
marcher.

(L'Hierophante fort avec le Prêtre inférieur.)

SCENE VI.

STATIRA, OLIMPIE.

STATIRA.

O Deſtinée ! O Dieu des Autels & du trône,
Contre Caſſandre au moins favoriſe An-
                              tigone. ——
Il me faut donc, ma fille, au déclin de mes
                              jours
De nos ſeuls ennemis attendre des ſecours !
Rechercher un vengeur au ſein de ma mi-
                              ſère
Chez les uſurpateurs du trône de ton pére !
Chez nos propres ſujets, dont les éfforts jaloux
Diſputent cent Etats, que j'ai poſſedés tous !
Ils rampaient à mes pieds, ils ſont ici mes
                              maîtres.
O trône de Cirus ! O ſang de mes Ancétres !
Dans quel profond abîme étes-vous deſcendus !
Vanité des grandeurs, je ne vous connais plus.

OLIMPIE.

Ma mére, je vous ſuis. —— Ah ! dans ce jour
                              funéſte
Rendez-moi digne au moins du grand nom qui
                              vous reſte.
Le devoir qu'il préſcrit, eſt mon unique éſpoir.

                              STA-

STATIRA.

Fille du Roi des Rois --- remplissez ce devoir.

Fin du second Acte.

ACTE III.

SCENE I.

(Le Temple est fermé.)

CASSANDRE, SOSTENE. *(Dans le Péristile.)*

CASSANDRE.

La vérité l'emporte, il n'est plus temps de
                              taire
Ce funéste secrêt qu'avait caché mon pére.
Il a fallu céder à la publique voix.
Oui, j'ai rendu justice à la fille des Rois.
Devais-je plus longtemps par un cruel silence
Faire encor à son sang cette mortelle offense?
Je fus coupable assez.

SOSTENE.

                    Mais un rival jaloux
Du grand nom d'Olimpie abuse contre vous.
Il anime le peuple, Ephése est allarmée.
De la Religion la fureur animée,

Q'An-

Qu' Antigone méprise, & qu'il sçait exciter,
Vous fait un crime affreux, un crime à détester
De posséder la fille aiant tué la mére.

CASSANDRE.

Les reproches sanglants qu'Ephése peut me faire,
Vous le savez, grand Dieu, n'approchent pas
des miens.
J'ai calmé, grace au Ciel, les cœurs des Ci-
toiens;
Le mien sera toujours victime des furies,
Victime de l'amour & de mes barbaries.
Hélas! j'avais voulu qu'elle tînt tout de moi,
Qu'elle ignorât un sort qui me glaçait d'effroi.
De son pére en ses mains je mettais l'héritage
Conquis par Antipatre, aujourd'hui mon
partage.
Heureux par mon amour, heureux par mes
bienfaits,
Une fois en ma vie avec moi-même en paix,
Tout était réparé, je lui rendais justice.
D'aucun crime après tout mon cœur ne fut
complice.
J'ai tué Statira, mais c'est dans les combats;
C'est en sauvant mon pére, en lui prêtant mon
bras.
C'est dans l'emportement du meurtre & du
carnage
Où le devoir d'un fils égarait mon courage;
C'est dans l'aveuglement qu'un nuage d'horreur
Répandait sur mes yeux troublés par la fureur.
Mon

Mon ame en frémiſſait avant d'être punie
Par ce fatal amour qui la tient aſſervie.
Je me crois innocent au jugément des Dieux,
Devant le monde entier, mais non pas à mes
                                        yeux,
Non pas pour Olimpie, & c'eſt là mon ſup-
                                        plice,
C'eſt là mon déſeſpoir.   Il faut qu'elle choiſiſſe
Ou de me pardonner, ou de percer mon cœur,
Ce cœur déſeſpéré, qui brule avec fureur.

S O S T E N E.

On prétend qu'Olimpie en ce Temple amenée
Peut retirer la main qu'elle vous a donnée.

C A S S A N D R E.

Ouï, je le ſais, Soſténe, & ſi de cette loi
L'objet que j'idolâtre, abuſait contre moi,
Malheur à mon rival, & malheur à ce Temple!
Du culte le plus ſaint je donne ici l'éxemple;
J'en donnerais bientôt de vengeance & d'hor-
                                        reur.
Ecartons loin de moi cette vaine terreur;
Je ſuis aimé, ſon cœur eſt à moi dès l'enfance,
Et l'amour eſt le Dieu qui prendra ma défenſe.
Courons vers Olimpie.

SCENE II.

CASSANDRE, SOSTENE, L'HIERO-
PHANTE. (*sortant du Temple.*)

CASSANDRE.

Interprête du Ciel,
Miniſtre de clémence, en ce jour ſolemnel
J'ai de vôtre ſaint Temple écarté les allarmes.
Contre Antigone encor je n'ai point pris les
                armes.
J'ai reſpecté ces temps à la paix conſacrés ;
Mais donnez cette paix à mes ſens déchirés.
J'ai plus d'un droit ici : je ſaurai les défendre ;
Je meurs ſans Olimpie, & vous devez la rendre.
Achevons cet himen.

L'HIEROPHANTE.

Elle remplit, Seigneur,
Des devoirs bien ſacrés, & bien chers à ſon
                cœur.

CASSANDRE.

Tout le mien les partage.   Où donc eſt la
             Prêtreſſe
Qui doit m'offrir ma femme, & bénir ma ten-
             dreſſe ;

D   L'HIE-

L'HIEROPHANTE.

Elle va l'amener. Puissent de si beaux nœuds
Ne point faire aujourd'hui le malheur de tous
deux!

CASSANDRE.

Nôtre malheur! ---- Hélas! cette seule jour-
née
Voiait de tant de maux la course terminée.
Pour la première fois un moment de douceur
De mes affreux chagrins dissipait la noirceur.

L'HIEROPHANTE.

Peut-être plus que vous Olimpie est à plain-
dre.

CASSANDRE.

Comment ! que dites-vous ? . . Eh! que
peut-elle craindre?

L'HIEROPHANTE (s'en allant.)

Vous l'apprendriez trop tôt.

CASSANDRE.

Non, demeurez. Eh quoi!
Du parti d'Antigone êtes-vous contre moi?

L'HIE

L'HIEROPHANTE.

Mé préfervent les Cieux de paffer les limites
Que mon culte paifible à mon zéle a préfcrites.
Les intrigues des Cours, les cris des factions,
Des Humains que je fuis les triftes paffions,
N'ont point encor troublé nos retraites ob-
fcures :
Au Dieu que nous fervons, nous levons des
mains pures.
Les débats des grands Rois, prompts à fe di-
vifer
Ne font connus de nous que pour les appai-
fer ;
Et nous ignorerions leurs grandeurs paffagé-
res,
Sans le fatal befoin qu'ils ont de nos priéres. —
Pour vous, pour Olimpie, & pour d'autres,
Seigneur,
Je vais des Immortels implorer la faveur.

CASSANDRE.

Olimpie ! . . .

L'HIEROPHANTE.

En ces lieux ce moment la rappelle
Vóiez fi vous avez encor des droits fur elle ;
Je vous laiffe.

(Il fort, & le Temple s'ouvre.)

S C E N E   I I I.

CASSANDRE, SOSTENE, STATIRA, OLIMPIE.

C A S S A N D R E.

Elle tremble, ô Ciel! & je frémis! ——
Quoi ! vous baiffez les yeux de vos larmes
remplis !
Vous détournez de moi ce front où la nature
Peint l'ame la plus noble , & l'ardeur la plus
pure !

OLIMPIE. (*Se jettant dans les bras de fa mére.*)

Ah! barbare! —— Ah! Madame !

C A S S A N D R E.

Expliquez-vous , parlez.
Dans quels bras fuïez - vous mes regards dé-
folés ?
Que m'a-t-on dit ? pourquoi me caufer tant
d'allarmes ?
Qui donc vous accompagne & vous baigne de
larmes ?

S T A-

STATIRA.

(Se dévoilant, ou se retournant vers Cassandre.)
Regarde qui je suis.

CASSANDRE.

--- A ses traits --- à sa voix? ---
Mon sang se glace! où suis-je? & qu'est-ce
que je vois?

STATIRA.

Tes crimes.

CASSANDRE.

Statira peut ici reparaître!

STATIRA.

Malheureux! reconnais la Veuve de ton maître,
La mére d'Olimpie.

CASSANDRE.

O tonnerres du Ciel,
Grondez sur moi, tombez sur ce front criminel!

STATIRA.

Que n'as-tu fait plutôt cette horrible prière,
Eternel ennemi de ma famille entiére!

 Si

Si le Ciel l'a voulu, fi par tes premiers coups,
Toi feul as fait tomber mon trône & mon
      époux;
Si dans ce jour de crime au milieu du carnage,
Tu te fentis, barbare, affez peu de courage
Pour frapper une femme , & lui perçant le
      flanc
La plonger de tes mains dans les flots de fon
      fang,
De ce fang malheureux laiffe-moi ce qui refte,
Faut-il qu'en tous les temps ta main me foit
      funéfte ?
N'arraches point ma fille à mon cœur, à mes
      bras;
Quand le Ciel me la rend., ne me l'enléves pas.
Des Tirans de la Terre à jamais féparée,
Refpecte au moins l'afyle où je fuis enterrée.
Ne viens point, malheureux, par d'indignes
      éfforts,
Dans ces tombeaux facrés, perfécuter les morts,

CASSANDRE.

Vous m'avez plus frappé que n'eût fait le ton-
      nerre,
Et mon front à vos pieds n'ofe toucher la
      terre.
Je m'en avoue indigne après mes attentats;
Et fi je m'excufais fur l'horreur des combats,
Si je vous apprenais que ma main fut trompée
Quand des jours d'un héros la trame fut cou-
      pée,

Que

Que je servais mon pére en m'armant contre
     vous,
Je ne fléchirais point vôtre juste courroux.
Rien ne peut m'excuser. — Je pourrais dire
     encore
Que je sauvai ce sang que ma tendresse adore,
Que je mets à vos pieds mon sceptre, & mes
     Etats.
Tout est affreux pour vous ! — Vous ne m'é-
     coutez pas !
Ma main m'arracherait ma malheureuse vie
Moins pleine de forfaits que de remords pu-
     nie,
Si vôtre propre sang l'objet de tant d'amour,
Malgré lui, malgré moi ne m'attachait au jour.
Avec un saint respect j'élevai vôtre fille ;
Je lui tins lieu quinze ans de pére & de Fa-
     mille ;
Elle a mes yœux, mon cœur : & peut-être
     les Dieux
Ne nous ont assemblés dans ces augustes lieux
Que pour y reparer par un saint hyménée
L'épouvantable horreur de nôtre destinée.

STATIRA.

Quel hymen ! — O mon sang ! tu receve-
     vrais la foi,
De qui ? de l'assassin d'Aléxandre & de moi !

O L I M P I E.

Non ---- ma mére, éteignez ces flambeaux
éffroiables,

Ces flambeaux de l'hymen entre nos mains
coupables;

Eteignez dans mon cœur l'affreux reſſouvenir
Des nœuds, des triſtes nœuds qui devaient
nous unir.

Je préfére (& ce choix n'a rien qui vous étonne)

La cendre qui vous couvre au ſceptre qu'il me
donne.

Je n'ai point balancé ; laiſſez-moi dans vos
bras

Oublier tant d'amour avec tant d'attentats.
Vôtre fille en l'aimant devenait ſa complice.
Pardonnez, acceptez mon juſte ſacrifice.
Séparez, s'il ſe peut, mon cœur de ſes for-
faits.

Empéchez-moi ſur-tout de le revoir jamais.

S T A T I R A.

Je reconnais ma fille, & ſuis moins malheureuſe.

Tu rends un peu de vie à ma langueur affreuſe.
Je rénais. ---- Ah! grands Dieux! vouliez-
vous que ma main

Préſentât Olimpie à ce monſtre inhumain!
Qu'éxigiez-vous de moi! quel affreux miniſtére

Et

Et pour vôtre Prêtreſſe, hélas ! & pour ſa
              mére!
Vous en avez pitié, vous ne prétendiez pas
M'arrêter dans le piége où vous guidiez mes
              pas.
---- Cruel ! n'inſulte plus & l'Autel, & le trône ;
Tu ſouillas de mon ſang les murs de Babi-
              lone ;
J'aimerais mieux encor une ſeconde fois
Voir ce ſang répandu par l'aſſaſſin des Rois,
Que de voir mon ſujet, mon ennemi --- Caſ-
              ſandre,
Aimer inſolemment la fille d'Aléxandre.

CASSANDRE.

Je me condamne encor avec plus de rigueur.
Mais j'aime, mais cédez à l'amour en fureur.
Olimpie eſt à moi ; je ſçais quel fut ſon pére ;
Je ſuis Roi comme lui, j'en ai le caractére,
J'en ai les droits, la force, elle eſt ma femme
              enfin.
Rien ne peut ſéparer mon ſort & ſon deſtin,
Ni ſes fraieurs, ni vous, ni les Dieux, ni mes
              crimes,
Rien ne rompra jamais des nœuds ſi légiti-
              mes.
Le Ciel de mes remords ne s'eſt point détour-
              né.
Et puisqu'il nous unit, il a tout pardonné.

D 5

Mais

Mais fi l'on veut m'ôter cette époufe adorée,
Sa main qui m'appartient, fa foi qu'elle a ju-
rée,
Il faut verfer ce fang, il faut m'ôter ce cœur,
Qui ne connaît plus qu'elle, & qui vous fait
horreur.
Vos Autels à mes yeux n'ont plus de privi-
lége,
Si je fus meurtrier, je ferai facrilége.
J'enleverai ma femme à ce Temple, à vos
bras,
Aux Dieux même, à nos Dieux, s'ils ne m'éx-
auçaient pas.
Je demande la mort, je la veux, je l'envie,
Mais je n'expirrai que l'époux d'Olimpie.
Il faudra malgré vous que j'emporte au tom-
beau
Et l'amour le plus tendre, & le nom le plus
beau,
Et les remords affreux d'un crime involon-
taire,
Qui fléchiront du moins les mânes de fon
pére.

(Caſſandre ſort avec Soſténe.)

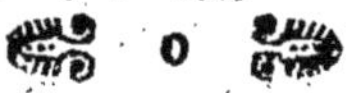

SCE-

SCENE IV.

STATIRA, OLIMPIE.

STATIRA.

Quel moment ! quel blafphéme ! ô Ciel
qu'ai - je entendu !
Ah ! ma fille, à quel prix mon fang m'eft-il
rendu !
Tu reffens, je le vois, les horreurs que j'é-
prouve ;
Dans tes yeux éffraiés ma douleur fe retrouve ;
Ton cœur répond au mien ; tes chers embraf-
femens,
Tes foupirs enflammés confolent mes tour-
mens,
Ils font moins douloureux puisque tu les par-
tages ;
Ma fille eft mon afyle en ces nouveaux nau-
frages.
Je peux tout fupporter, puisque je vois en toi
Un cœur digne en éffet d'Aléxandre & de moi.

OLIMPIE.

Ah ! le Ciel m'eft témoin fi mon ame eft formée
Pour imiter la vôtre, & pour être animée

Des

Des mêmes sentiments, & des mêmes vertus.
O veuve d'Aléxandre! ô sang de Darius!
Ma mére! --- Ah! fallait-il qu'à vos bras
                              enlevée,
Par les mains de Cassandre on me vît élevée!
Pourquoi vôtre assassin prévenant mes souhaits,
A-t-il marqué pour moi ses jours par ses bien-
                              faits!
Que sa cruelle main ne m'a t-elle opprimée!
Bienfaits trop dangereux! Pourquoi m'a t-il
                              aimée!

S T A T I R A.

Ciel! qui vois-je paraître en ces lieux retirés!
Antigone lui-même!

S C E N E V.

STATIRA, OLIMPIE, ANTIGONE.

A N T I G O N E.

O Reine, demeurez.
Vous voyez un des Rois formés par Aléxandre,
Qui respecte sa Veuve, & qui vient la défendre.
Vous pourriez remonter du pied de cet Autel,
Au premier rang du Monde où vous plaça
                              le Ciel,

Y

Y mettre vôtre fille, & prendre aumoins ven-
                              geance
Du raviſſeur altier qui tous trois nous offenſe,
Vôtre ſort eſt connu, tous les cœurs ſont à
                              vous ;
Ils ſont las des Tirans que vôtre auguſte é-
                              poux
Laiſſa par ſon trépas maîtres de ſon Empire.
Pour ce grand changement vôtre nom peut
                              ſuffire.
M'avouerez-vous icy pour vôtre défenſeur ?

STATIRA.

Ouï, ſi c'eſt la pitié qui conduit vôtre cœur,
Si vous ſervez mon ſang, ſi vôtre offre eſt
                              ſincère.

ANTIGONE.

Je ne ſouffrirai pas qu'un jeune téméraire
Des mains de vôtre fille & de tant de vertus
Obtienne un double droit au trône de Cirus.
Il en eſt trop indigne ; & pour un tel partage
Je n'ai pas préſumé qu'il ait vôtre ſuffrage.
Je n'ai point au Grand-Prêtre ouvert icy mon
                              cœur ;
Je me ſuis préſenté comme un adorateur
Qui des Divinités implore la clémence.
Je me préſente à vous armé de la vengeance.
La Veuve d'Aléxandre oubliant ſa grandeur
De ſa famille aumoins, n'oubliera point l'hon-
                              reur.
STA-

S T A T I R A.

Mon cœur est détaché du trône & de la vie;
L'un me fut enlevé, l'autre est bientôt finie.
Mais si vous arrachez aux mains d'un ravisseur
Le seul bien que les Dieux rendaient à la dou-
  leur;
Si vous la protégez, si vous vengez son père,
Je ne vois plus en vous que mon Dieu tuté-
  laire.
Seigneur, sauvez ma fille au bord de mon tom-
  beau
Du crime & du danger d'épouser mon bour-
  reau.

A N T I G O N E.

Digne sang d'Aléxandre, approuvez-vous mon
  zèle ?
Acceptez-vous mon offre, & pensez-vous comme elle ?

O L I M P I E.

Je dois haïr Cassandre.

A N T I G O N E.

                    Il faut donc m'accorder
Le prix, le noble prix que je viens demander.
Contre mon Allié je prends vôtre défense.
Je crois vous mériter, soiez ma récompense.

                              Toute

Toute autre est un outrage, & c'est vous que
je veux.
Caſſandre n'eſt pas fait pour obtenir vos vœux.
Parlez; & je tiendrai cette gloire ſuprême
De mon bras, de la Reine, & ſurtout de vous-
même.
Prononcez; daignez-vous m'honorer d'un tel
prix?

S T A T I R A.

Décidez.

O L I M P I E.

Laiſſez-moi reprendre mes eſprits —
J'ouvre à peine les yeux. Tremblante, épou-
vantée,
Du ſein de l'eſclavage en ce Temple jettée,
Fille de Statira, fille d'un demi-Dieu,
Je retrouve une mère en cet auguſte lieu;
De ſon rang, de ſes biens, de ſon nom dé-
pouillée,
Et d'un ſommeil de mort à peine réveillée,
J'épouſe un bienfaicteur — il eſt un aſſaſſin.
Mon époux de ma mère a déchiré le ſein.
Dans cet entaſſement d'horribles avantures
Vous m'offrez vôtre main pour venger mes in-
jures.
Que puis-je vous répondre! — Ah! dans de
tels moments

(Embraſſant ſa mère.)
Voïez

Voïez à qui je dois mes premiers sentiments.
Voïez si les flambeaux des pompes nuptiales
Sont faits pour éclairer ces horreurs si fatales,
Quelle foule de maux m'environne en un jour,
Et si ce cœur glacé peut écouter l'amour.

STATIRA.

Ah! je vous réponds d'elle, & le Ciel vous la
donne.
La majesté peut-être, ou l'orgueil de mon
trône
N'avait pas destiné dans mes premiers projets
La fille d'Aléxandre à l'un de mes sujets.
Mais vous la méritez en osant la défendre.
C'est vous qu'en expirant désignait Aléxandre.
Il nomma le plus digne, & vous le devenez.
Son trône est vôtre Bien quand vous le sou-
tenez.
Que des Dieux immortels la faveur vous se-
conde,
Que leur main vous conduise à l'Empire du
Monde.
Aléxandre & sa Veuve ensevelis tous deux,
Lui dans la tombe, & moi dans ces murs té-
nébreux,
Vous verront sans regret au trône de mes pè-
res :
Et puissent désormais les destins moins sévères
En écarter pour vous cette fatalité
Qui renversa toujours ce trône ensanglanté.

AN-

ANTIGONE.

Il fera relevé par la main d'Olimpie.
Montrez-vous avec elle aux Peuples de l'Afie.
Sortez de cet afyle, & je vais tout preffer
Pour venger Aléxandre, & pour le remplacer.

(Il fort.)

SCENE VI.

STATIRA, OLIMPIE.

STATIRA.

Ma fille, c'eft par toi que je romps la bar-
       riére
Qui me fépare icy de la nature entiére;
Et je rentre un moment dans ce Monde per-
       vers
Pour venger mon époux, ton himen, & tes
       fers.
Dieu donnera la force à mes mains maternelles
De brifer avec toi tes chaines criminelles.
Viens remplir ma promeffe, & me faire oublier
Par des ferments nouveaux le crime du premier.

OLIMPIE.

Hélas ! . . .

E   STA-

S T A T I R A.

Quoi! tu gémis!

O L I M P I E.

Cette même journée
Allumerait deux fois les flambeaux d'himenée!

S T A T I R A.

Que dis-tu?

O L I M P I E.

Permettez, pour la premiere fois,
Que je vous fasse entendre une timide voix.
Je vous chéris, ma mère, & je voudrais ré-
       pandre
Le sang que je reçus de vous & d'Aléxandre,
Si j'obtenais des Dieux, en le faisant couler,
De prolonger vos jours ou de les consoler.

S T A T I R A.

O ma chére Olimpie!

O L I M P I E.

Oserai-je encor dire
Que vôtre asyle obscur est le trône où j'aspire?
Vous m'y verrez soumise, & foulant à vos
       pieds
Ces trônes malheureux pour vous seule ou-
       bliés.
        Aléxan-

Aléxandre mon père, enfermé dans la tombe,
Veut-il que de nos mains son ennemi suc-
combe ?
Laissons là tous ces Rois dans l'horreur des
combats
Se punir l'un par l'autre & venger son trépas.
Mais nous, de tant de maux victimes inno-
centes,
A leurs bras forcenés joignant nos mains
tremblantes,
Faudra t-il nous charger d'un meurtre infru-
ctueux ?
Les larmes font pour nous, les crimes font
pour eux.

S T A T I R A.

Des larmes ! —— Eh pour qui les vois-je icy
répandre !
Dieux ! m'avez-vous rendu la fille d'Aléxandre !
Est-ce elle que j'entends !

O L I M P I E.

Ma mère . . .

S T A T I R A.

O Ciel vengeur ! . . .

O L I M P I E.

Cassandre ! . . .,

E 2

STATIRA.

Expliques-toi; tu me glaces d'horreur.
Parles.

OLIMPIE

Je ne le puis.

STATIRA.

                    Va, tu m'arraches l'ame.
Finis ce trouble affreux; parles, dis-je.

OLIMPIE.

                              Ah! Madame,
Je sens trop de quels coups je viens de vous
                              frapper.
Mais je vous chéris trop pour vouloir vous
                              tromper.
Prête à me séparer d'un époux si coupable,
Je le fuis --- mais je l'aime.

STATIRA.

                    O parole éxécrable!
Dernier de mes moments, cruelle fille, hélas!
Puisque tu peux l'aimer, tu ne le fuiras pas.
Tu l'aimes! tu trahis Aléxandre & ta mère!
Grand Dieu! j'ai vu périr mon époux & mon
                              pére,

                              Tu

Tu m'arrachas ma fille, & ton ordre inhu-
                            main
Me la fait retrouver pour mourir de sa main!

O L I M P I E.

Je me jette à vos pieds . . . .

S T A T I R A.

Fille dénaturée!
Fille trop chère! . . . .

O L I M P I E.

Hélas ! de douleurs dévorée,
Tremblante à vos genoux je les baigne de
                            pleurs.
Ma mère, pardonnez.

S T A T I R A.

Je pardonne, --- & je meurs.

O L I M P I E.

Vivez, écoutez - moi.

S T A T I R A.

Que veux tu ?

OLIMPIE.

Je vous jure
Par les Dieux, par mon nom, par vous, par
la nature,
Que je m'en punirai, qu'Olimpie aujourd'hui
Répandra tout son sang avant que d'être à lui.
Mon cœur vous est connu.　Je vous ai dit
que j'aime ;
Jugez par ma faiblesse, & par cet aveu même,
Si ce cœur est à vous, & si vous l'emportez
Sur mes sens éperdus que l'amour a domptés.
Ne considérez point ma faiblesse & mon âge ;
De mon père & de vous, je me sens le cou-
rage.
J'ai pu les offenser, je ne peux les trahir,
Et vous me connaîtrez en me voiant mourir.

STATIRA.

Tu peux mourir, dis-tu, fille inhumaine &
chére,
Et tu ne peux haïr l'assassin de ton pére !

OLIMPIE.

Arrachez-moi ce cœur ! vous verrez qu'un
époux
Quelque cher qu'il me fût, y régnait moins
que vous.
Vous y reconnaîtrez ce pur sang qui m'anime.
Pour me justifier prenez vôtre victime,
Immolez vôtre fille.

Statira.

Ah! j'en crois tes vertus.
Je te plains, Olimpie, & ne t'accuse plus.
J'espére en ton devoir, j'espére en ton cou-
rage.
Moi - même j'ai pitié d'un amour qui m'ou-
trage.
Tu déchires mon cœur, & tu sçais l'attendrir.
Console au moins ta mére en la faisant mou-
rir.
Va, je suis malheureuse & tu n'es point cou-
pable.

Olimpie.

Qui de nous deux, ô Ciel! est la plus misérable!

Fin du troisiéme Acte.

ACTE

ACTE IV.

SCENE I.

ANTIGONE, HERMAS, (*dans le Périſtile.*)

HERMAS.

Vous me l'aviez bien dit; les ſaints lieux profanés
Aux horreurs des combats vont être abandon-
nés.
Vos Soldats près du Temple occupent ce
paſſage.
Caſſandre yvre d'amour, de douleur & de
rage,
Des Dieux qu'il invoquait défiant le courroux,
Par cet autre chemin s'avance contre vous,
Le ſignal eſt donné : mais dans cette entre-
priſe
Entre Caſſandre & vous le peuple ſe diviſe.

ANTIGONE. (*En ſortant.*)

Je le réunirai.

SCENE II.

ANTIGONE, HERMAS, CASSANDRE, SOSTENE.

CASSANDRE. (*Arrêtant Antigone.*)

Demeure, indigne ami,
Infidéle Allié, détestable ennemi.
M'ofes-tu disputer ce que le Ciel me donne?

ANTIGONE.

Ouï. Quelle est la surprise où ton cœur s'a-
bandonne!
La fille d'Aléxandre a des droits assez grands
Pour faire armer l'Asie, & trembler nos Ti-
rans.
Babilone est sa dot, & son droit est l'Empire.
Je prétends l'un & l'autre; & je veux bien
te dire
Que tes pleurs, tes regrêts, tes expiations,
N'en imposeront pas aux yeux des Nations.
Ne crois pas qu'à présent l'amitié considére,
Si tu fûs innocent de la mort de son pére.
L'opinion fait tout; elle t'a condamné.
Aux faiblesses d'amour ton cœur abandonné,
Séduisait Olimpie en cachant sa naissance.
Tu crus ensevelir dans l'éternel silence
Ce funéste secrêt dont je suis informé.

Ce n'eſt qu'en la trompant que tu pus être
aimé.
Ses yeux s'ouvrent enfin; c'en eſt fait; & Caſ-
ſandre
N'oſe lever les ſiens, n'a plus rien à prétendre.
De quoi t'es-tu flatté? penſais-tu que ſes droits
T'éleveraient un jour au rang de Roi des
Rois? ---
Je peux de Statira prendre ici la défenſe.
Mais, veux tu conſerver nôtre antique alliance?
Veux tu régner en paix dans tes nouveaux
Etats?
Me revoir ton ami? t'appuïer de mon bras?..

C A S S A N D R E.

Eh bien?

A N T I G O N E.

Cêde Olimpie, & rien ne nous ſépare.
Je périrai pour toi; ſi non, je te déclare
Que je ſuis le plus grand de tous tes ennemis.
Connaîs tes interêts, pèſe-les, & choiſis.

C A S S A N D R E.

Je n'aurai-pas de peine, & je venais te faire
Une offre différente, & qui pourra te plaire.
Tu ne connais ni loi, ni remords, ni pitié,
Et c'eſt un jeu pour toi de trahir l'amitié.
J'ai craint le Ciel du moins: tu ris de ſa ju-
ſtice,

Tu

Tu jouis des forfaits dont tu fus le complice;
Tu n'en jouiras pas, traître . . .

ANTIGONE.

Que prétends tu?

CASSANDRE.

Si dans ton ame atroce il est quelque vertu,
N'emploions par les mains du Soldat merce-
                                        naire
Pour assouvir ta rage & servir ma colére.
Qu'a de commun le peuple avec nos factions?
Est-ce à lui de mourir pour nos divisions?
C'est à nous, c'est à toi, si tu te sens l'audace
De braver mon courage, ainsi que ma disgrace.
Je ne fus pas admis au commerce des Dieux
Pour aller égorger mon ami sous leurs yeux.
C'est un crime nouveau: c'est toi qui le pré-
                                        pares.
Va, nous étions formés pour être des bar-
                                        bares.
Marchons; viens décider de ton sort & du mien,
T'abreuver de mon sang, ou verser tout le
                                        tien.

ANTIGONE.

J'y consens avec joie: & sois sûr qu'Olimpie
Acceptera la main qui t-ôtera la vie.

(*Ils mettent l'épée à la main.*)
                                SCE-

SCENE III.

CASSANDRE, ANTIGONE, HERMAS, SOSTENE.

(L'HIEROPHANTE *sort du Temple précipi-*
tamment avec les Prêtres & les Initiés qui
se jettent avec une foule de peuple entre Cas-
sandre & Antigone, & les désarment.)

L'HIEROPHANTE.

Profanes, c'en est trop.   Arrêtez, respectez
Et le Dieu qui vous parle, & ses solemnités.
Prêtres, Initiés, Peuple, qu'on les sépare.
Bannissez du lieu saint la discorde barbare.
Expiez vos forfaits, --- Glaives disparaissez.
Pardonnes, Dieu puissant ! Vous Rois, obéissez.

CASSANDRE.

Je cêde au Ciel, à vous.

ANTIGONE.

           Je persiste, & j'atteste
Les mânes d'Aléxandre & le courroux céléste,
Que tant que je vivrai, je ne souffrirai pas
Qu'Olimpie à mes yeux passe ici dans ses bras;
Et que cet hymenée illégitime, impie,
Est la honte d'Ephése, & l'horreur de l'Asie.

C A S-

CASSANDRE.

Sans doute il le ferait fi tu l'avais formé.

L'HIEROPHANTE.

D'un éfprit plus remis, d'un cœur moins en-
          flammé,
Rendez-vous à la loi, refpectez fa juftice.
Elle eft commune à tous, il faut qu'on l'ac-
          compliffe.
La cabane du pauvre, & le trône des Rois
Egalement foumis entendent cette voix.
Elle aide la faibleffe, elle eft le frein du crime,
Et délie à l'autel l'innocente victime.
Si l'époux, quelqu'il foit, & quelque foit fon
          rang,
Des parents de fa femme a répandu le fang,
Fût-il purifié dans nos facrés miftéres,
Par le feu de Vefta, par les eaux falutaires,
Et par le repentir plus néceffaire qu'eux,
Son époufe en un jour peut former d'autres
          nœuds.
Elle le peut fans honte, à moins que fa clé-
          mence
A l'éxemple des Dieux ne pardonne l'offenfe.
Statira vit encor, & vous devez penfer
Que du fort de fa fille elle peut difpofer.
Refpectez les malheurs & les droits d'une mére,
Les Loix des Nations, le facré caractére
Que la nature donne, & que rien n'affaiblit.
A fon augufte voix Olimpie obéit.
                              Qu'ofez-

Qu'ofez-vous attenter, quand c'eft à vous d'at-
        tendre
Les arrêts de la Veuve, & du fang d'Aléxan-
        dre ?

     (Il fort avec fa Suite.)

A N T I G O N E.

C'eft affez, j'y foufcris, Pontife, elle eft à moi.
    (Antigone fort avec Hermas.)

—————————————

S C E N E   I V.

CASSANDRE, SOSTENE, *(dans le Périftile.)*

C A S S A N D R E.

Elle n'y fera pas, cœur barbare & fans foi.
Arrachons-la, Softéne, à ce fatal afyle,
A l'efpoir infolent de ce coupable habile,
Qui rit de mes remords, infulte à ma douleur,
Et tranquile & ferein vient m'arracher le cœur.

S O S T E N E.

Il féduit Statira, Seigneur, il s'autorife
Et des loix qu'il viole, & des Dieux qu'il mé-
        prife.

         C A s-

C A S S A N D R E.

Enlevons-la, te dis-je, aux Dieux que j'ai fervis,
Et par qui déformais tous mes foins font trahis.
J'accepterais la mort, je bénirais la foudre,
Mais qu'enfin mon époufe ofe ici fe réfoudre
A paffer en un jour à cet Autel fatal
De la main de Caffandre à la main d'un rival!
Tombe en cendres ce Temple avant que je
　　　　　　　l'endure.
Ciel! tu me pardonnais.　Plus tranquile &
　　　　　　　plus pure
Mon ame à cet éfpoir ofait s'abandonner;
Tu m'ôtes Olimpie, eft-ce là pardonner?

S O S T E N E.

Il ne vous l'ôte point: ce cœur docile & ten-
　　　　　　　dre,
Si foumis à vos loix, fi content de fe rendre,
Ne peut jusqu'à l'oubli paffer en un moment.
Le cœur ne connait point un fi prompt chan-
　　　　　　　gement.
Elle peut vous aimer fans trahir la nature.
Vos coups dans les combats portés à l'a-
　　　　　　　vanture
Ont verfé, je l'avoüe, un fang bien prétieux.
C'eft un malheur pour vous que permirent les
　　　　　　　Dieux.
Vous n'avez point trempé dans la mort de fon
　　　　　　　pére,
Vos pleurs ont éffacé tout le fang de fa mére,
　　　　　　　　　　Ses

Ses malheurs font paffés, vos bienfaits font pré-
                              fents.

CASSANDRE.

Vainement cette idée appaife mes tourments.
Ce fang de Statira, ces mânes d'Aléxandre,
D'une voix trop terrible ici fe font entendre.
Softéne, elle eft leur fille ; elle a le droit af-
                              freux
De haïr fans retour un époux malheureux.
Je fens qu'elle m'abhorre, & moi je la préfére
Au trône de Cirus, au trône de la Terre.
Ces expiations, ces miftéres cachés,
Indifférents aux Rois & par moi récherchés,
Elle en était l'objet ; mon ame criminelle,
Ne s'approchait des Dieux que pour s'approcher
                              d'elle.
                    (*Appercevant Olimpie.*)

SOSTENE.

Hélas ! la voïez-vous en proie à fes douleurs ?
Elle embraffe un Autel, & le baigne de pleurs.

CASSANDRE.
Au Temple, à cet Autel, il eft temps qu'on
                              l'enléve.
Va, cours, que tout foit prêt.
                    (*Softéne fort.*)

                                        SCE-

SCENE V.

CASSANDRE, OLIMPIE,

(courbée sur l'Autel sans voir Caffandre.)

OLIMPIE.

Que mon cœur se souléve !
Qu'il est délespéré ! --- qu'il se condamne ! ---
Hélas !

(appercevant Caffandre.)

Que vois-je !

CASSANDRE.

Vôtre époux.

OLIMPIE.

Non, vous ne l'êtes pas.
Non, Caffandre ---- jamais ne prétendez à
l'être.

CASSANDRE.

Eh bien, j'en suis indigne, & je dois me con-
naître.
Je fais tous les forfaits que mon fort inhumain
Pour nous perdre tous deux a commis par ma
main.
J'ai cru les expier, j'en comble la mefure.
Ma préfence est un crime, & ma flamme une
injure.---

F   Mais,

Mais, daignez me répondre. --- Ai-je par mes
                                secours
Aux fureurs de la guerre arraché vos beaux
                                jours ?

O L I M P I E.

Pourquoi les conserver !

C A S S A N D R E.

              Au sortir de l'énfance,
Ai-je assez respecté vôtre aimable innocence?
Vous ai-je idolatrée ?

O L I M P I E.

              Ah ! c'est là mon malheur.

C A S S A N D R E.

Après le tendre aveu de la plus pure ardeur,
Libre dans vos bontés, maitresse de vous-même,
Cette voix favorable à l'époux qui vous aime,
Aux lieux où je vous parle, à ces mêmes Autels,
A joint à mes serments vos serments solemnels !

O L I M P I E.

Hélas ! il est trop vrai ! -- Que le courroux céleste
Ne me punisse pas d'un serment si funeste !

C A S S A N D R E.

Vous m'aimiez Olimpie !

OLIM=

OLIMPIE.

Ah ! pour comble d'horreur
Ne me reproches pas ma détestable erreur.
Il te fut trop aisé d'éblouir ma jeunesse ;
D'un cœur qui s'ignorait tu trompas la faiblesse,
C'est un forfait de plus. --Fuis-moi ; ces en-
        tretiens
Sont un crime pour moi, plus affreux que les
        tiens.

CASSANDRE.

Craignez d'en commettre un plus funeste peut-
        être,
En acceptant les vœux d'un barbare & d'un
        traître ;
Et si pour Antigone . . . . .

OLIMPIE.

Arrête, malheureux.
D'Antigone & de toi je rejette les vœux.
Après que cette main lâchement abusée,
S'est pû joindre à ta main de mon sang arrosée,
Nul mortel désormais n'aura droit sur mon cœur.
J'ai l'himen, & le monde, & la vie en horreur.
Maitresse de mon choix, sans que je délibére
Je choisis les tombeaux qui renferment ma mére,
Je choisis cet asyle, où Dieu doit posséder
Ce cœur qui se trompa quand il put te céder.
J'embrasse les Autels, & déteste ton trône,
Et tous ceux de l'Asie, & surtout d'Antigone.

Va t'en, ne me vois-plus.---Va, laissés-moi
               pleurer
L'amour que j'ai promis, & qu'il faut abhorrer.

C A S S A N D R E.

Eh bien, de mon rival si l'amour vous offense,
Vous ne sauriez m'ôter un raion d'éspérance ;
Et quand vôtre vertu rejette un autre époux,
Ce refus est ma grace ; & je me crois à vous.
Tout souillé que je suis du sang qui vous fit
               naître,
Vous étes, vous serez la moitié de mon être.
Moitié chére & sacrée, & de qui les vertus,
Ont arrêté sur moi les foudres suspendus,
Ont gardé sur mon cœur un empire suprême,
Et devraient désarmer vôtre mére elle-même.

O L I M P I E.

Ma mére !--- Quoi ! ta bouche a prononcé son
               nom !--
Ah ! si le repentir, si la compassion,
Si ton amour au moins peut fléchir ton audace,
Fuis les lieux qu'elle habite, & l'Autel que
               j'embrasse,
Laisse-moi.

C A S S A N D R E.

   Non, sans vous je n'en sçaurais sortir.
A me suivre à l'instant vous devez consentir.
(*Il la prend par la main.*)
Chére

Chére époufe, venez.

OLIMPIE. (*la retirant avec tranfport.*)

Traites-moi donc comme elle.
Frappe une infortunée à fon devoir fidéle,
Dans ce cœur défolé porte un coup plus cer-
tain,
Tout mon fang fut formé pour couler fous ta
main.
Frappe, dis-je.

CASSANDRE.

Ah! trop loin vous portez la vangeance;
J'eus moins de cruauté, j'eus moins de vio-
lence.
Le Ciel fait faire grace, & vous favez punir;
Mais c'eft trop être ingrate, & c'eft trop me
haïr.

OLIMPIE.

Ma haine eft - elle jufte, & l'as-tu méritée? —
Caffandre, fi ta main féroce, enfanglantée,
Ta main qui de ma mére ofa percer le flanc,
N'eût frappé que moi feule, & verfé que mon
fang,
Je te pardonnerais, je t'aimerais, — barbare,
Va, tout nous défunit.

CAS-

C A S S A N D R E.

Non, rien ne nous fépare.
Quand vous auriez Caffandre encor plus en
horreur,
Quand vous m'épouferiez pour me percer le
cœur,
Vous me fuivrez. ---- Il faut que mon fort
s'accompliffe.
Laiffez-moi mon amour, du moins pour mon
fupplice.
Ce fupplice eft fans terme, & j'en jure par
vous.
Haiffez, puniffez, mais fuivez vôtre époux.

S C E N E V I.

CASSANDRE, OLIMPIE, SOSTENE.

S O S T E N E.

Paraiffez, ou bientôt Antigone l'emporte.
Il parle à vos guerriers, il affiége la porte.
Il féduit vos amis près du Temple affemblés.
Par fa voix redoutable ils femblent ébranlés.
Il attefte Aléxandre, il attefte Olimpie.
Tremblez pour vôtre amour, tremblez pour
votre vie.
Venez.

CAS-

CASSANDRE.

A mon rival ainſi vous m'immolez !
Je vais chercher la mort puisque vous le
voulez.

OLIMPIE,

Moi! vouloir ton trépas ! --- Va, j'en ſuis in-
capable. ---
Vis loin de moi.

CASSANDRE.

Sans vous le jour m'eſt éxécrable,
Et s'il m'eſt conſervé, je revole en ces lieux,
Je vous arrache au Temple, ou j'y meurs à
vos yeux.

(*Il ſort avec Soſténe.*)

SCENE VII.

OLIMPIE. (*Seule.*)

Malheureuſe! --- Et c'eſt lui qui cauſe mes
allarmes! ---
Ah! Caſſandre, eſt-ce à toi de me coûter des
larmes!

F 4

Faut-

Faut - il tant de combats pour remplir son
                              devoir !
Vous aurez sur mon ame un absolu pouvoir.
O sang dont je naquis, ô voix de la nature !
Je m'abandonne à vous, c'est par vous que je
                              jure
De vous sacrifier mes plus chers sentiments. —
Sur cet Autel, hélas ! j'ai fait d'autres ser-
                              ments. —
Dieux ! vous les receviez, ô Dieux, vôtre clé-
                              mence
A du plus tendre amour approuvé l'innocence.
Vous avez tout changé — mais changez donc
                              mon cœur ;
Donnez lui la vertu conforme à son malheur. —
Ayez quelque pitié d'une ame déchirée,
Qui périt infidéle, ou meurt dénaturée.
Hélas ! j'étais heureuse en mon obscurité,
Dans l'oubli des humains, dans la captivité.
Sans parents, sans état, à moi-même incon-
                              nue. —
Le grand nom que je porte, est ce qui m'a
                              perdue.
J'en serai digne au moins. — Caffandre, il
                              faut te fuir,
Il faut t'abandonner — mais comment te
                              haïr ! —
Que peut donc sur soi - même une faible
                              mortelle !
Je déchire en pleurant ma blessure cruelle :

                                        Et

Et ce trait malheureux que ma main va chercher,
Je l'enfonce en mon cœur au lieu de l'arracher.

SCENE VIII.

OLIMPIE, L'HIEROPHANTE. *Suite.*

OLIMPIE.

Pontife, où courez-vous ? Protégez ma faiblesse.
Vous tremblez ! — Vous pleurez ! —

L'HIEROPHANTE.

Malheureuse Princesse !
Je pleure vôtre état.

OLIMPIE.

Ah ! Soïez-en l'appui.

L'HIEROPHANTE.

Résignez-vous au Ciel, vous n'avez plus que
lui.

OLIMPIE.

Hélas ! que dites-vous ?
F 5   L'HIE-

L' H I E R O P H A N T E.

O fille augufte & chére!
La Veuve d'Aléxandre. . . .

O L I M P I E.

Ah! juftes Dieux! --- ma mére!
Eh bien? . . .

L' H I E R O P H A N T E.

Tout eft perdu. Les deux Rois fu-
　　　　　　rieux
Foulant aux pieds les loix, armés contre les
　　　　　　Dieux,
Jufques dans les parvis de l'enceinte facrée,
Encourageaient leur troupe au meurtre pré-
　　　　　　parée.
Déja coulait le fang, déja le fer en main,
Caffandre jufqu'à vous fe fraïait un chemin.
J'ai marché contre lui, n'ayant pour ma dé-
　　　　　　fenfe
Que nos loix qu'il oublie, & nos Dieux qu'il
　　　　　　offenfe.
Vôtre mére éperdue & s'offrant à fes coups,
L'a cru maître à la fois & du Temple & de
　　　　　　vous.
Laffe de tant d'horreurs, laffe de tant de cri-
　　　　　　mes,
Elle a faifi le fer qui frappe les victimes,
L'a plongé dans ce flanc où le Ciel irrité
Vous fit puifer la vie & la calamité.

O_{LIM-}

OLIMPIE.

Je meurs. — Soutenez - moi — marchons. —
Vit-elle encore ?

L'HIEROPHANTE.

Caſſandre eſt devant elle, il gémit, il l'im-
plore,
Il oſe encor prêter ſes funéſtes ſecours
Aux vertueuſes mains qui raniment ſes jours.
Il s'écrie, il s'accuſe, il jette au loin ſes ar-
mes,
Il embraſſe ſes pieds, il les baigne de larmes.
A ſes cris, à nos voix elle rouvre les yeux ;
Elle ne voit en lui qu'un monſtre audacieux,
Qui lui vient arracher les reſtes de ſa vie
Par cette main funèſte en tout temps pourſui-
vie.
Faible, & ſe ſoulevant par un dernier éffort,
Elle tombe, elle touche au moment de la
mort.
Elle abhorre à la fois Caſſandre & la lumiére,
Et levant à regrêt ſa débile paupiére,
Allez, m'a t-elle dit, Miniſtre infortuné
D'un Temple malheureux par le ſang pro-
fané,
Conſolez Olimpie : elle m'aime, & j'or-
donne
Que pour venger ſa mére, elle épouſe Anti-
gone.

OLIM-

O L I M P I E.

Allons mourir près d'elle --- exaucez - moi,
                              grands Dieux.
Venez, guidez mes pas, venez fermer nos
                              yeux.

L' H I E R O P H A N T E,

Armez - vous de courage.

O L I M P I E.

O fang qui m'as fait naître! ---
J'en ai befoin, Seigneur, --- & j'en aurai
                              peut- être.

Fin du quatriéme Acte.

ACTE

ACTE V.

SCENE I.

ANTIGONE, HERMAS, (*dans le Périſtile.*)

HERMAS.

La pitié doit parler, & la vengeance eſt vaine.
Un rival malheureux n'eſt pas digne de
haine.
Fuïez ce lui funeſte. Olimpie aujourd'hui,
Seigneur, ſera perdue, & pour vous, & pour
lui.

ANTIGONE.

Quoi ! Statira n'eſt plus !

HERMAS.

C'eſt le ſort de Caſſandre
D'être toujours funeſte au grand nom d'Alé-
xandre.
Statira ſuccombant au poids de ſa douleur,
Dans les bras de ſa fille expire avec horreur.
La ſenſible Olimpie à ſes pieds étendue,
Semble éxhaler ſon ame à peine retenue.

Les

Les Miniſtres des Dieux, les Prêtreſſes en
　　　　　　　　　　pleurs,
En mélant leurs regrêts accroiſſent leurs dou-
　　　　　　　　　　leurs.
Caſſandre épouvanté ſent toutes leurs atteintes.
Le Temple retentit de ſanglots & de plaintes.
On prépare un bucher & ces vains ornements
Qui rappellent la mort au regard des vivants.
On prétend qu'Olimpie en ce lieu ſolitaire
Habitera l'aſyle où s'enfermait ſa mère;
Qu'au monde, à l'himenée arrachant ſes beaux
　　　　　　　　　　jours,
Elle conſacre aux Dieux leur déplorable cours;
Et qu'elle doit pleurer dans l'éternel ſilence
Sa famille, ſa mère, & jusqu'à ſa naiſſance.

ANTIGONE.

Non, non, de ſon devoir elle ſuivra les loix.
J'ai ſur elle à la fin d'irrévocables droits.
Statira me la donne: & ſes ordres ſuprêmes
Au moment du trépas ſont les loix des Dieux
　　　　　　　　　　mêmes.
Ce forcené Caſſandre & ſa funeſte ardeur
Au ſang de Statira font une juſte horreur.

HERMAS.

Seigneur, le croiez-vous?

ANTIGONE.

Elle - même déclare
Que son cœur désolé renonce à ce barbare.
S'il ose encor l'aimer, j'ai promis son trépas.
Je tiendrai ma parole, & tu n'en doutes pas.

HERMAS.

Mêleriez-vous du sang aux pleurs qu'on voit
répandre,
Aux flammes du bucher, à cette auguste cendre ?
Frappés d'un saint respect, sachez que vos soldats
Reculeront d'horreur, & ne vous suivront pas.

ANTIGONE.

Non, je ne puis troubler la pompe funéraire;
J'en ai fait le serment, Cassandre la révére:
Elle suspend les coups que mon bras doit
porter ;
Mais passé ce moment, rien ne doit m'arrêter.

(Le Temple s'ouvre.)

SCE-

S C E N E I I.

ANTIGONE, HERMAS, L'HIEROPHAN-
TE, PRETRES, *s'avançant lentement.* O-
LIMPIE, *soutenue par les* PRETRESSES;
elle est en deuil.

H E R M A S.

On amêne Olimpie à peine respirante;
  Je vois du Temple saint l'auguste Hiéro-
                phante
Qui mouille de ses pleurs les traces de ses pas.
Les Prêtresses des Dieux la tiennent dans leurs
                bras.

A N T I G O N E.

Ces objets toucheraient le cœur le plus fa-
              -rouche,

            (*à Olimpie.*)

Je veux bien l'avouer. — Permettez que ma
              bouche,
En mêlant mes regrêts à vos tristes soupirs,
Jure encor de venger tant d'affreux déplaisirs.
L'ennemi qui deux fois vous priva d'une mére,
Nourrit dans sa fureur un espoir téméraire.
Sachez que tout est prêt pour sa punition.
N'ajoutez point la crainte à vôtre affliction,
Contre ses attentats soiez en aussurance.

                         OLIM?

OLIMPIE.

Ah ! Seigneur, parlez moins de meurtre & de
                    vengeance.
Elle a vécu . . . je meurs au reste des hu-
                    mains.

ANTIGONE.

Je déplore sa perte autant que je vous plains.
Je pourrais rappeller sa volonté sacrée,
Si chère à mon espoir, & par vous révérée.
Mais je sçais ce qu'on doit dans ce premier mo-
                    ment
A son ombre, à sa fille, à vôtre accablement.
Consultez-vous, Madame, & gardez sa pro-
                    messe.
                    (Il sort avec Hermas.)

***

SCENE III.

OLIMPIE, L'HIEROPHANTE, PRETRES, PRETRESSES.

OLIMPIE.

Vous, qui compatissez à l'horreur qui me presse,
Vous, Ministre d'un Dieu de paix & de douceur,
Des cœurs infortunés le seul consolateur,
Ne puis-je sous vos yeux consacrer ma misère
Aux Autels arrosés des larmes de ma mère ?
                    G   Auriez-

Auriez-vous bien, Seigneur, assez de dureté
Pour fermer cet asyle à ma calamité ?
Du sang de tant de Rois c'est l'unique héritage ;
Ne me l'enviez pas, laissez-moi mon partage.

L' H I E R O P H A N T E.

Je pleure vos destins, mais que puis-je pour
vous ?
Vôtre mère en mourant a nommé vôtre époux,
Vous avez entendu sa volonté dernière
Tandis que de nos mains nous fermions sa
paupière ;
Et si vous résistez à sa mourante voix,
Cassandre est vôtre maître, il rentre en tous ses
droits.

O L I M P I E.

J'ai juré, je l'avoue, à Statira mourante,
De détourner ma main de cette main sanglante,
Je grade mes serments.

L' H I E R O P H A N T E.

Libre encor dans ces lieux,
Vôtre état, vôtre main ne dépend que des Dieux.
Bientôt tout va changer. Vous pouvez, Olimpie,
Ordonner maintenant du sort de vôtre vie.
On ne doit pas sans doute allumer en un jour
Et les buchers des morts, & les flambeaux
d'amour.
Ce mêlange est affreux ; mais un mot peut suffire,
Et j'attendrai ce mot sans oser le préscrire.
C'est

C'eſt à vous à ſentir dans ces extrêmités,
Ce que doit vôtre cœur au ſang dont vous
                      ſortez.

O L I M P I E.

Seigneur, je vous l'ai dit; cet hymen, & tout
                      autre,
Eſt horrible à mon cœur & doit déplaire au
                      vôtre.
Je ne veux point trahir ſes mânes courroucés;
J'abandonne un époux, — c'eſt obéir aſſez.
Laiſſez-moi fuir l'hymen & l'amour & le trône.

L' H I E R O P H A N T E.

Il faut ſuivre Caſſandre ou choiſir Antigone.
Ces deux rivaux armés, ſi fiers & ſi jaloux,
Sont forcés maintenant à s'en remettre à vous.
Vous préviendrez d'un mot le trouble & le
                      carnage,
Dont nos yeux reverraient l'épouvantable image,
Sans le reſpect profond qu'inſpirent aux mortels
Cet appareil de mort, ce bucher, ces Autels,
Et ces derniers devoirs, & ces honneurs ſu-
                      prêmes,
Qui les font pour un temps rentrer tous en
                      eux-mêmes.
La pieté ſe laſſe, & ſurtout chez les Grands.
J'ai du ſang avec peine arrêté les torrents.
Mais ce ſang dès demain va couler dans Epheſe.
Décidez-vous, Princeſſe, & le peuple s'appaiſe.

Ce peuple qui toujours est du parti des loix,
Quand vous aurez parlé, soutiendra vôtre choix,
Si non, le fer en main, dans ce Temple, à
ma vue,
Cassandre en réclamant la foi qu'il a reçue,
D'un bien qu'il possédait, à droit de s'emparer
Malgré la juste horreur qu'il vous semble in-
spirer.

OLIMPIE.

Il suffit, je conçois vos raisons & vos craintes,
Je ne m'emporte plus en d'inutiles plaintes,
Je subis mon destin; vous voiez sa rigueur.—
Il me faut faire un choix, --- il est fait dans
mon cœur,
Je suis déterminée.

L'HIEROPHANTE.

Ainsi donc d'Antigone
Vous acceptez les vœux, & la main qu'il vous
donne?

OLIMPIE.

Seigneur, quoi qu'il en soit, peut-être ce
moment
N'est point fait pour conclure un tel engage-
ment.
Vous-même l'avouez; & cette heure dernière

Où

Où ma mére a vécu, doit m'occuper entiére. —
Au bucher qui l'attend vous allez la porter?

L'HIEROPHANTE.

De ce triftes devoirs il faut nous acquitter.
Une Urne contiendra fa dépouille mortelle;
Vous la recueillerez.

OLIMPIE.

Sa fille criminelle
A caufé fon trépas. — Cette fille du moins
A fes mânes vengeurs doit encor quelques foins.

L'HIEROPHANTE.

Je vais tout préparer.

OLIMPIE.

Par vos loix que j'ignore,
Sur ce lit embrafé puis-je la voir encore?
Du funébre appareil pourrai-je m'approcher?
Pourrai-je de mes pleurs arrofer fon bucher?

L'HIEROPHANTE.

Hélas! vous le devez; nous partageons vos
larmes.
Vous n'avez rien à craindre; & ces rivaux en
armes
Ne pourront point troubler ces devoirs douloureux.

Présentez des parfums, vos voiles, vos cheveux,
Et des libations la triste & pure offrande.
(*Les Prêtresses placent tout cela sur un Autel.*)

OLIMPIE. (*à l'Hierophante.*)

C'est l'unique faveur que sa fille demande. ——
(*à la Prêtresse inférieure.*)
—— Toi qui la conduisis dans ce sejour de mort,
Qui partageas quinze ans les horreurs de son
        sort,
Va, reviens m'avertir quand cette cendre aimée,
Sera prête à tomber dans la fosse enflammée,
Que mes derniers devoirs, puisqu'ils me sont
        permis,
Satisfassent son ombre --- il le faut.

LA PRETRESSE.
         J'obéis.
        (*Elle sort.*)

OLIMPIE. (*à l'Hierophante.*)

Allez donc, élevez cette pile fatale,
Préparez les ciprès, & l'Urne sépulcrale,
Faites venir ici ces deux rivaux cruels ;
Je prétends m'expliquer aux pieds de ces Autels,
A l'aspect de ma mére, aux yeux de ces Prêtresses,
Témoins de mes malheurs, témoins de mes
        promesses.
Mes sentiments, mon choix vont être déclarés,
Vous les plaindrez peut-être, & les approuverez.
         L'HIE-

L'HIEROPHANTE.

De vos deſtins encor vous êtes la maîtreſſe.
Vous n'avez que ce jour, il fuit, & le temps
preſſe.

(Il ſort avec les Prêtres.)

SCENE IV.

OLIMPIE *ſur le devant*, LES PRETRES-
SES *en demi cercle au fond.*

OLIMPIE.

O toi, qui dans mon cœur à ce choix ré-
ſolu,
Uſurpas à ma honte un pouvoir abſolu,
Qui triomphes encor de Statira mourante,
D'Aléxandre au tombeau, de leur fille trem-
blante,
De la Terre & des Cieux contre toi conjurés,
Règne amant malheureux ſur mes ſens déchirés.
Si tu m'aimes hélas! ſi j'oſe encor le croi-
re, ——
Va, tu payeras bien cher ta funéſte victoire.

G 4   SCE-

SCENE V.

OLIMPIE, CASSANDRE, LES PRETRESSES.

CASSANDRE.

Eh bien, je viens remplir mon devoir & vos vœux;
Mon sang doit arroser ce bucher malheureux.
Acceptez mon trépas, c'est ma seule espérance,
Que ce soit par pitié plutôt que par ven-
geance.

OLIMPIE.

Cassandre !

CASSANDRE.

Objet sacré, chére épouse! . . . .

OLIMPIE.

Ah ! cruel !

CASSANDRE.

Il n'est plus de pardon pour ce grand cri-
minel.
Esclave infortuné du destin qui me guide,
Mon sort en tous les temps est d'être parricide.
Mais

Mais je suis ton époux, mais malgré ses forfaits,
Cet époux t'idolâtre encor plus que jamais.
Respecte en m'abhorrant cet hymen que j'atteste.
Dans l'Univers entier Caſſandre ſeul te reſte.
La mort eſt le ſeul Dieu qui peut nous ſéparer.
Je veux en périſſant te voir & t'adorer.

(Il ſe jette à genoux.)

Venges-toi, punis-moi: mais ne ſois point
parjure.
Va, l'hymen eſt encor plus ſaint que la nature.

OLIMPIE.

Levez-vous, & ceſſez de profaner du moins
Cette cendre fatale & mes funêbres ſoins.
Quand ſur l'affreux bucher dont les flammes
s'allument,
De ma mére en ces lieux les membres ſe con-
ſument,
Ne ſouillez pas ces dons que je dois préſenter,
N'approchez pas, Caſſandre, & ſachez m'écouter.

SCENE VI.

OLIMPIE, CASSANDRE, ANTI-GONE, PRETRESSES.

ANTIGONE.

Enfin, vôtre vertu ne peut plus s'en défendre.
Statira vous dictait l'arrêt qu'il vous faut rendre.

J'ai

G 5

J'ai respecté les morts, & ce jour de terreur.
Vous en pouvez juger puisque mon bras ven-
geur
N'a point encor de sang inondé cet asyle,
Puisqu'un moment encor à vos ordres docile,
Je vous prends en ces lieux pour son juge &
le mien.
Prononcez vôtre arrêt, & ne redoutez rien.
On vous verra, Madame, & du moins je l'es-
pére,
Distinguer l'assassin du vengeur d'une mére.
La nature a des droits. Statira dans les Cieux
A côté d'Aléxandre arrête ici ses yeux.
Vous êtes dans ce Temple encor ensevélie,
Mais la Terre & le Ciel observent Olimpie.
Il faut entre nous deux que vous vous décla-
riez.

O L I M P I E.

J'y consens : mais je veux que vous me re-
spectiez.
Vous voïez ces apprêts, ces dons que je dois
faire
A nos Dieux infernaux, aux mânes d'une mére ;
Vous choisissez ce temps, impétueux rivaux,
Pour me parler d'hymen au milieu des tom-
beaux ! ---
Jurez-moi seulement, soldats du Roi mon pére,
Rois après son trépas, que si je vous suis
chére,

Dans

Dans ce moment du moins, reconnaissant mes
loix,
Vous ne troublerez point mes devoirs & mon
choix.

CASSANDRE.

Je le dois, je le jure, & vous devez connaître
Combien je vous respecte & dédaigne ce traître.

ANTIGONE.

Ouï, je le jure aussi, bien sûr que vôtre cœur
Pour ce rival barbare est pénétré d'horreur.
Prononcez, j'y souscris.

OLIMPIE.

Songez, quoiqu'il en coûte,
Vous même l'avez dit, qu'Aléxandre m'écoute.

ANTIGONE.

Décidez devant lui.

CASSANDRE.

J'attends vos volontés.

OLIMPIE.

Connaissez donc ce cœur que vous persécu-
tez,

Et

Et vous-mêmes jugez du parti qui me reste.
Quelque choix que je fasse, il doit m'être
funeste.
Vous sentez tout l'éxcès de ma calamité.
Apprenez plus, sachez que je l'ai mérité.
J'ai trahi mes parents quand j'ai pu les con-
naître;
J'ai porté le trépas au sein qui m'a fait naî-
tre.
Je trouvais une mére en ce séjour d'éffroi,
Elle est morte en mes bras, elle est morte
pour moi.
Elle a dit à sa fille, à ses pieds désolée,
Epousez Antigone, & je meurs consolée.
Alors, elle agonise; & moi pour l'achever,
Je la refuse.

A N T I G O N E.

Ainsi vous pouvez me braver!
Outrager vôtre mére & trahir la nature!

O L I M P I E.

A ses mânes, à vous, je ne fais point d'injure;
Je rends justice à tous, & je la rends à
moi. ---
--- Cassandre, devant lui je vous donnai ma
foi,

Voïez

Voiez si nos liens ont été légitimes;
Je vous laisse en juger: vous connaissez vos
                              crimes,
Il serait superflu de vous les reprocher;
Réparez-les un jour.

CASSANDRE.

                Je ne puis vous toucher!
Je ne peux adoucir cette horreur qui vous
                      presse!

OLIMPIE.

Je vais vous éclaircir, gardez vôtre pro-
                      messe.

(Le Temple s'ouvre; on voit le bucher en-
              flammé.)

SCE-

SCENE DERNIERE.

OLIMPIE, CASSANDRE, ANTIGONE,
L'HIEROPHANTE, PRETRES,
PRETRESSES.

LA PRETRESSE *inférieure*.

Princesse, il en est temps.

OLIMPIE. (*à Cassandre.*)

Voi ce spectacle affreux!
Cassandre, en ce moment plains-toi si tu le peux.
Contemples ce bucher, contemples cette cendre,
Souviens-toi de mes fers, souviens-toi d'Alé-
                                        xandre,
Voilà sa Veuve, parle, & dis ce que je dois.

CASSANDRE.

M'immoler.

OLIMPIE.

Ton arrêt est dicté par ta voix.—
Attends ici le mien. (*) Vous, mânes de ma
                                        mére,
Mânes à qui je rends ce devoir funéraire,
Vous qu'un juste courroux doit encore animer,
                                        Vous,

(*) Elle monte sur l'Estrade de l'Autel qui est près
du bucher. Les Prétresses lui presentent les offrandes.

Vous, recevrez des dons qui pourront vous
                    calmer.
De mon pére & de vous ils font dignes peut-
                    être. --
Toi, l'époux d'Olimpie, & qui ne dus pas l'être,
Toi, qui me confervas par un cruel fecours,
Toi, par qui j'ai perdu les auteurs de mes jours,
Toi, qui m'as tant chérie, & pour qui ma faibleffe
Du plus fatal amour a fenti la tendreffe,
Tu crois mes lâches feux de mon ame bannis ; --
Apprends -- que je t'adore -- & que je m'en punis.
Cendres de Statira , recevez Olimpie.

(Elle fe frappe, & fe jette dans le bucher.)

TOUS ENSEMBLE. (*)

Ciel !

CASSANDRE. *(courant au bucher.)*

Olimpie !

LES PRETRES.

O Ciel !

ANTIGONE. *(courant auffi)*

O fureur inouïe !

CASSANDRE.

Elle n'eft déjà plus, tous nos éfforts font vains.

(Revenant dans le Périftile.)
                              En

(*). L'Hierophante, les Prêtres, & les Prêtreffes
témoignent leur étonnement & leur confternation.

En eſt-ce aſſez, grands Dieux ! -- Mes éxécrables
mains
Ont fait périr mon Roi, ſa Veuve & mon
épouſe ! --
Antigone, ton ame eſt-elle encor jalouſe ?
Inſenſible témoin de cette horrible mort,
Envieras-tu toujours la douceur de mon ſort ?
De ma félicité ſi ton grand cœur s'irrite,
Partages-la, crois - moi; prends ce fer, & m'imite.
(Il ſe tue.)

L'HIEROPHANTE.

Arrêtez ! – O ſaint Temple ! O Dieu juſte &
vengeur !
Dans quel Palais profane a-t'on vû plus d'horreur !

ANTIGONE.

Ainſi donc Aléxandre & ſa famille entiére,
Succeſſeurs, aſſaſſins, tout eſt cendre & pouſſiére.
Dieux, dont le Monde entier éprouve le courroux,
Maîtres des vils humains, pourquoi les formiez-
vous !
Qu'avait fait Statira ! qu'avait fait Olimpie !
A quoi réſervez-vous ma déplorable vie !

F I N.

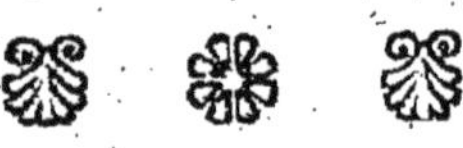

REMAR-

REMARQUES,

A L'OCCASION

DE CETTE PIECE.

ACTE I.

SCENE I.

Sosténe, on va finir ces mistéres terribles.

Ces Mystéres & ces Expiations sont de la plus haute antiquité, & commençaient alors à devenir communs chez les Grecs. Philippe, pére d'Aléxandre, se fit initier aux Mystéres de la Samotrace avec la jeune Olimpias qu'il épousa depuis. C'est ce qu'on trouve dans Plutarque au commencement de la vie d'Aléxandre, & c'est ce qui peut servir à fonder l'initiation de Cassandre & d'Olimpie.

Il eſt difficile de ſçavoir chez quelle nation on inventa ces Myſtéres. On les trouve établis chez les Perſes, chez les Indiens, chez les Egyptiens, chez les Grecs. Il n'y a peut-être point d'établiſſement plus ſage. La pluspart des hommes quand ils ſont tombés dans de grands crimes, en ont naturellement des remords. Les Légiſlateurs qui établirent les Myſtéres & les Expiations, voulurent egalément empécher les coupables repentants de ſe livrer au déſeſpoir, & de retomber dans leurs crimes.

La Créance de l'immortalité de l'ame était partout le fondement de ces Cérémonies religieuſes. Soit que la Doctrine de la Métempſcoſe fût admiſe, ſoit qu'on reçût celle de la réunion de l'eſprit humain à l'eſprit univerſel; ſoit que l'on crût, comme en Egypte, que l'ame ſerait un jour rejointe à ſon propre corps; en un mot, quelque fût l'opinion dominante, celle des peines & des récompenſes après la mort était univerſelle chez toutes les Nations policées.

Il eſt vrai que les Juifs ne connurent point ces Myſtéres, quoiqu'ils euſſent pris beaucoup de Cérémonies des Egyptiens. La raiſon en eſt que l'immortalité de l'ame était le fondement de la Doctrine Egyptienne, & n'était pas celui de la Doctrine Moſaïque. Le peuple groſſier des Juifs, auquel Dieu daignait ſe proportionner, n'avait même aucun corps de

Do-

Doctrine : il n'avait pas une seule formule de Prière générale établie par ses Loix. On ne trouve ni dans le *Deuteronome*, ni dans le *Lévitique*, qui sont les seules Loix de Juifs, ni Prière, ni Dogme, ni Créance de l'immortalité de l'ame, ni peines, ni récompenses après la mort. C'est ce qui les distinguait des autres Peuples ; & c'est ce qui prouve la Divinité de la Mission de *Moyse*, selon le sentiment de Mr. *Warburton*, Evéque de Worcester. Ce Prélat prétend que Dieu daignant gouverner lui-même le Peuple Juif, & le récompensant ou le punissant par des bénédictions, ou des peines temporelles, ne devait pas lui proposer le Dogme de l'immortalité de l'ame, Dogme admis chez tous les Voisins de ce Peuple.

Les Juifs furent donc presque les seuls dans l'Antiquité, chez qui les Mystéres furent inconnus. *Zoroastre* les avait apportés en Perse, *Orphée* en Thrace, *Osiris* en Egypte, *Minos* en Crête, *Ciniras* en Chipre, *Erectée* dans Athênes. Tous différaient, mais tous étaient fondés sur la Créance d'une vie à venir, & sur celle d'un seul Dieu. C'est surtout ce Dogme de l'Unité de l'Etre suprême qui fit donner partout le nom de *Mystéres* à ces Cérémonies sacrées. On laissait le Peuple adorer des Dieux secondaires, des petits Dieux, comme les appelle *Ovide*, *vulgus Deorum*, c'est à dire les ames des Héros que l'on croyait participantes

de

de la Divinité, & des Etres mitoyens entre Dieu & nous. Dans toutes les célébrations des Myſtéres en Gréce, ſoit à Eleuſis, ſoit à Thebes, ſoit dans la Samotrace, ou dans les autres Iles, ont chantait L'Hymne d'Orphée;

Marchez dans la voye de la juſtice, contemplez le ſeul Maître du Monde, le Démiurgos. Il eſt unique, il exiſte ſeul par lui-même; tous les autres Etres ne ſont que par lui; il les anime tous, il n'a jamais été vu par des yeux mortels, & il voit au fond de nos cœurs.

Dans presque toutes les célébrations de ces Myſtéres, on repréſentait ſur une eſpéce de Théatre, une nuit à peine éclairée, & des hommes à moitié nuds, errants dans ces ténébres, pouſſant des gémiſſements & des plaintes, & levant les mains au Ciel. Enſuite venait la lumière, & l'on voyait le Démiurgos qui repréſentait le Maître, & le Fabricateur du Monde, conſolant les Mortels, & les exhortant à mener une vie pure.

Ceux qui avaient commis de grands crimes, les confeſſaient à l'Hiérophante, & juraient devant Dieu de n'en plus commettre. On les appellait dans toutes les Langues d'un nom qui répond à *Initiatus, Initié*, celui *qui commence une nouvelle vie*, & qui entre en communication

cation avec les Dieux, c'est à dire, avec les Héros, & les demi-Dieux, qui ont mérité par leurs exploits bienfaisants d'être admis après leur mort auprès de l'Etre suprême.

Ce sont - là les particularités principales qu'on peut recueillir des anciens Mystéres dans *Platon*, dans *Ciceron*, dans *Porphire*, *Eusébe*, *Strabon* & d'autres,

Les parricides n'étaient point reçus à ces expiations: le crime était trop énorme. *Suetone* rapporte que *Néron*, après avoir assassiné sa mére, aiant voyagé en Gréce, n'osa assister aux Mystéres d'Eleusine. *Zozime* prétend que *Constantin*, après avoir fait mourir sa femme, son fils, son beaupére, & son neveu, ne put jamais trouver d'Hiérophante qui l'admît à la participation des Mystéres.

On pourrait remarquer ici que Cassandre est précisément dans le cas où il doit être admis au nombre des Initiés. Il n'est point coupable de l'empoisonnement d'Aléxandre, il n'a répandu le sang de Statira que dans l'horreur tumultueuse d'un combat, & en défendant son pére. Ses remords sont plutôt d'une ame sensible, & née pour la vertu, que d'un criminel qui craint la vengeance céleste.

SCENE II.

Il était un grand homme. (ALEXANDRE.)

Il eſt bon d'oppoſér ici le jugement de *Plutarque* ſur Aléxandre, à tous les Paradoxes, & aux lieux communs qu'il a plû à *Juvenal*, & à ſes imitateurs de débiter contre ce Héros, *Plutarque* dans ſa belle comparaiſon d'Aléxandre & de Céſar, dit que *le Héros de la Macédoine ſemblait né pour le bonheur du Monde, & le Héros Romain pour ſa ruine.* En éffet, rien n'eſt plus juſte que la guerre d'Aléxandre, Général de la Gréce, contre les ennemis de la Gréce, & rien de plus injuſte que la guerre de Céſar contre ſa Patrie.

Remarquez ſurtout que *Plutarque* ne décide qu'après avoir peſé les vertus & les vices d'Aléxandre & de Céſar. J'avoue que *Plutarque* qui donne toujours la préférence aux Grecs ſemble avoir été trop loin. Qu'aurait-il dit de plus de Titus, de Trajan, des Antonins, de Julien même ſa Religion à part ? Voilà ceux qui paraiſſaient être nés pour le bonheur du Monde, plutôt que le meurtrier de Clitus, de Caliſténe & de Parménion.

S C E-

SCENE IV.

Protégez à jamais, ô Dieux en qui j'espère.

Ce spectacle ferait peut-être un bel effet au Théatre, si jamais la Pièce pouvait être représentée. Ce n'est pas qu'il y ait aucun mérite, à faire paraître des Prêtres & des Prêtresses, un Autel, des flambeaux, & toute la cérémonie d'un mariage. Cet appareil, aucontraire, ne ferait qu'une misérable ressource, si d'ailleurs il n'éxcitait pas un grand intérêt, s'il ne formait pas une situation, s'il ne produisait pas de l'étonnement & de la colére dans Antigone, s'il n'était pas lié avec les desseins de Cassandre, s'il ne servait à expliquer le véritable sujet de ses expiations. C'est tout cela ensemble qui forme une situation. Tout appareil dont il ne résulte rien, est puérile. Qu'importe la décoration au mérite d'un Poême? Si le succès dépendait de ce qui frappe les yeux, il n'y aurait qu'à montrer des tableaux mouvants. La partie qui regarde la pompe du spectacle, est sans doute la dernière, on ne doit pas la négliger, mais il ne faut pas s'y trop attacher.

Il faut que les situations théatrales forment des tableaux animés. Un peintre qui met sur la toile la cérémonie d'un mariage, n'aura fait qu'un tableau assez commun s'il n'a peint que

H 4

deux

deux Epoux, un Autel & des affiſtans. Mais s'il y ajoute un homme dans l'attitude de l'étonnement & de la colére, qui contraſte avec la joie des deux Epoux, ſon ouvrage aura de la vie & de la force. Ainſi au ſecond Acte Statira qui embraſſe Olimpie avec des larmes de joye, & l'Hiérophante attendri & affligé ; ainſi au troiſiéme Acte Caſſandre reconnaiſſant Statira avec éffroi, & Olimpie dans l'embarras, & dans la douleur ; ainſi au quatriéme Acte Olimpie aux pieds d'un Autel déſéſperée de ſa faibleſſe, & repouſſant Caſſandre qui ſe jette à ſes genoux ; ainſi au cinquiéme, la même Olimpie s'élançant dans le bucher aux yeux de ſes Amants épouvantés, & des Prêtres qui tous enſemble ſont dans cette attitude douloureuſe, empreſſée, égarée qui annonce une marche précipitée, les bras étendus, & prêts à courir au ſecours ; toutes ces peintures vivantes formées par des Acteurs pleins d'ame & de feu, pourraient donner au moins quelque idée de l'éxcès où peuvent être pouſſées la terreur & la pitié, qui ſont le ſeul but, la ſeule conſtitution de la Tragédie. Mais il faudrait un ouvrage dramatique, qui étant ſuſceptible de toutes ces hardieſſes, eût auſſi les beautés qui rendent ces hardieſſes reſpectables.

Si le cœur n'eſt pas émû par la beauté des vers, par la vérité des ſentimens, les yeux ne ſeront pas contents de ces ſpectacles prodigués,

&

loin de les applaudir on les tournera en ridicule, comme de vains suppléments qui ne peuvent jamais remplacer le Génie de la Poësie.

Il est à croire que c'est cette crainte du ridicule, qui a presque toujours resserré la Scéne
française dans le petit cercle des Dialogues, des
Monologues, & des Récits. Il nous a man-
qué de l'action; c'est un défaut que les Etrangers nous reprochent, & dont nous osons à
peine nous corriger. On ne présente cette Tragédie aux Amateurs que comme une ésquisse
légère & imparfaite d'un genre absolument né-
cessaire.

ACTE II.

SCENE II.

Elle (STATIRA) vous parle ici, ne l'interrogez plus.

Non seulement les défauts de cette Tragédie
ont empêché l'Auteur d'oser la faire jouer
sur le Théatre de Paris, mais la crainte que
le peu de beautés qui peut y être, ne fût éxpo-
sé à la raillerie, a retenu l'Auteur encor plus
que ses défauts. La même légéreté qui fit con-
damner *Athalie* pendant plus de vingt années

par ce même Peuple qui applaudissait à la *Judith de Boyer*, les mêmes prétextes qui servirent à jetter du ridicule sur un Prêtre & sur un enfant, peuvent subsister aujourd'hui. Il est à croire qu'on dirait, voilà une Tragédie jouée dans un Couvent; Statira est Religieuse, Cassandre a fait une Confession générale, l'Hierophante est un Directeur &c.

Mais aussi, il se trouvera des Lecteurs éclairés & sensibles, qui pourront être attendris de ces mêmes ressemblances, dans lesquelles d'autres ne trouveront que des sujets de plaisanterie. Il n'y a point de Royaume en Europe qui n'ait vu des Reines s'ensevelir les derniers jours de leur vie dans des Monastères après les plus horribles catastrophes. Il y avait de ces asyles chez les Anciens, comme parmi nous. La *Calprenéde* fait retrouver Statira dans un puits. Ne vaut-il pas mieux la retrouver dans un Temple?

Quant à la confession de ses fautes dans les cérémonies de la Religion, elle est de la plus haute antiquité & est expressément ordonnée par les Loix de *Zoroastre*, qu'on trouve dans le *Sadder*. Les Initiés n'étaient point admis aux Myftéres sans avoir expofé le secrêt de leurs cœurs en préfence de l'Etre fuprême. S'il y a quelque chofe qui confole les hommes fur la Terre, c'eft de pouvoir être reconcilié avec le

Ciel,

Ciel, & avec soi-même. En un mot, on a tâché de représenter ici ce que les malheurs des Grands de la Terre ont jamais eu de plus terrible, & ce que la Religion ancienne a jamais eu de plus consolant & de plus auguste. Si ces mœurs, ces usages ont quelque conformité avec les nôtres, ils doivent porter plus de terreur & de pitié dans nos ames.

Il y a quelquefois dans le Cloître, je ne sais quoi d'attendrissant & d'auguste. La comparaison que fait secretement le Lecteur entre le silence de ces retraites & le tumulte du Monde, entre la pieté paisible qu'on suppose y régner & les discordes sanglantes qui désolent la Terre, émeut & transporte une ame vertueuse & sensible.

ACTE

ACTE III.

SCENE II.

Les intrigues des Cours, les cris des factions,
N'ont point encor troublé nos retraites obscures.

(C'est l'Hierophante qui parle.)

Cet exemple d'un Prêtre qui se renferme dans les bornes de son ministère de paix, nous a paru d'une très-grande utilité, & il serait à souhaiter qu'on ne les representât jamais autrement sur un Théatre public qui doit être l'école des mœurs. Il est vrai qu'un personnage qui se borne à prier le Ciel, & à enseigner la vertu, n'est pas assez agissant pour la Scéne; mais aussi il ne doit pas être au nombre des personnages dont les passions font mouvoir la Piéce. Les Héros emportés par leurs passions agissent, & un Grand-Prêtre instruit. Ce mélange heureusement emploié par des mains plus habiles pourra faire un jour un grand effet sur le Théatre.

On ose dire que le Grand-Prêtre *Joad* dans la Tragédie d'*Athalie* semble s'éloigner trop de ce caractère de douceur & d'impartialité qui doit faire

ire l'essence de son ministère. On pourrait
accuser d'un fanatisme trop féroce, lorsque
encontrant Mathan en conférence avec Josa-
eth, au lieu de s'adresser à Mathan avec la bien-
ance convenable, il s'écrie :

» Quoi ! fille de David vous parlez à ce
traître !
» Vous souffrez qu'il vous parle ! & vous
ne craignez pas
» Que du fond de l'abîme entr'-ouvert sous
ses pas,
» Il en sorte à l'instant des feux qui vous
embrasent ?
» Ou qu'en tombant sur lui ces murs ne
vous écrasent ?
» Que veut-il ? De quel front cet ennemi
de Dieu
» Vient-il infecter l'air qu'on respire en ce
lieu ? "

Mathan semble lui répondre très-pertinem-
ment en disant,

» On reconnait Joad à cette violence;
» Toutefois il devrait montrer plus de pru-
dence;
» Respectez une Reine &c. "

On ne voit pas non plus pour quelle raison
Joad ou Jojada s'obstine à ne vouloir pas que
la Reine Athalie adopte le petit Joas. Elle dit
en

en propres termes à cet enfant : Je n'ai point d'héritier, je prétends vous traiter commemon propre fils.

Athalie n'avait certainement alors aucun intérêt à faire tuer Joas. Elle pouvait lui servir de mére, & lui laisser son petit Royaume. Il est très-naturel qu'une vieille femme s'intéresse au seul rejetton de sa famille. Athalie en effet était dans la décrépitude de l'age. Les *Paralipomènes* disent que son fils Ochosias ou Achazia avait quarante deux ans quand il fut déclaré *Meik*, ou *Roitelet*. Il régna environ un an. Sa mére Athalie lui survécut six an. Supposons qu'elle fût mariée à quinze ans, il est clair qu'elle avait au moins soixante-quatre ans. Il y a bien plus. Il est dit dans le quatriéme Livre des Rois que Jéhu égorgea quarante-deux fréres d'Ochosias, & cet Ochosias était le cadet de tous ses fréres. A ce compte, pour peu qu'un des quarante-deux fréres eût été majeur, Athalie devait être agée de cent-six ans, quand le Prêtre Joad la fit assassiner. (*)

Je

<hr>

(*) Voici le compte:

Athalie se marie à 15. ans	15
Elle a quarante-deux fils	42
Ochosias le quarante-troisiéme commence à régner à 42. ans	42
Il régne un an	1
Athalie régne après lui 6. ans	6
Somme totale	106

Je n'éxamine-point ici comment le pére d'O-chofias pouvait avoir quarante ans & fon fils quarante-deux quand il lui fuccéda.   Je n'é-xamine que la Tragédie.   Je demande feule-ment de quel droit le Prêtre Joad arme fes Lé-vites contre la Reine à la quelle il a fait ferment de fidélité ? De quel droit trompe - t- il Athalie en lui promettant un tréfor ? De quel droit fait-il maffacrer fa Reine dans la plus extrême vieilleffe ?

Athalie n'était certainement pas fi coupable que Jéhu qui avoit fait mourir foixante & dix fils du Roy Achab, & mis leurs têtes dans des corbeilles, à ce que dit le quatriéme Livre des Roys.   Le même Livre rapporte qu'il fit exter-miner tous les amis d'Achab, tous fes Courti-fans & tous fes Prêtres.

Cette Reine avait à la vérité ufé de repré-failles. Mais apparténait-il à Joad de confpi-rer contre elle & de la tuer ? Il était fon fujet : & certainement dans nos mœurs & dans nos loix il n'eft pas plus permis à Joad de faire af-faffiner fa Reine, qu'il n'eût été permis à l'Ar-chevéque de Cantorbéry d'affaffiner *Elifabeth* parce qu'elle avait fait mourir *Jeanne Gray*, fa rivale au trône.

Il eût fallu, pour qu'un tel affaffinat ne révol-tât pas tous les efprits, que Dieu, qui eft le
Maître

Maître de nôtre vie & des moiens de nous l'ô-
ter, fût defcendu lui-même fur la Terre d'une
manière vifible & fenfible, & qu'il eût ordonné ce
meurtre.   Or c'eft certainement ce qu'il n'a
pas fait. Il n'eft pas dit même que Joad ait con-
fulté le Seigneur, ni qu'il lui ait fait la moin-
dre prière avant de mettre fa Reine à mort.
L'Ecriture dit feulement qu'il confpira avec fes
Prêtres, qu'il leur donna des lances, & qu'il fit
affaffiner Athalie *à la Porte aux Chevaux*, fans
dire que le Seigneur approuva cette conduite.

N'eft-il donc pas clair, après cette expofiti-
on que le rôle & le caractére de Joad dans A-
thalie, peuvent être du plus mauvais éxemple,
s'ils n'éxcitent pas la plus violente indignation?
Car, pourquoi l'action abominable de Joad fe-
rait-elle confacrée? Eft-ce parce qu'elle eft é-
crite dans un Livre Juif?

Mais Dieu n'approuve certainement pas tout
ce que l'Hiftoire des Juifs rapporte.   L'Efprit
St. a préfidé à la vérité avec laquelle tous ces Li-
vres ont été écrits.   Il n'a pas préfidé aux actions perverfes dont on y rend compte.   Il ne
loue ni les menfonges d'Abraham, d'Ifaac &
de Jacob, ni la Circoncifion impofée aux
Sichemites pour les égorger plus aifement, ni
l'incefte de Juda avec Thamar fa belle fille, ni le
meurtre de l'Egyptien par Moyfe. Il n'eft point
dit que le Seigneur approuve l'affaffinat d'Eglon
Roy

Roy des Moabites par Aod ou Ehud ; il n'eft point dit qu'il approuve l'affaffinat de Sizera par Jahel, ni qu'il ait été content que Jephté, encore teint du fang de fa fille, fît égorger quarante-deux-mille hommes d'Ephraïm au paffage du Jourdain, parce qu'ils ne pouvaient pas bien prononcer *Schibolet*. Si les Benjamites du village de Gabaa voulurent violer un Lévite, fi on maffacra toute la Tribu de Benjamin, à fixcent perfonnes près, ces actions ne font point citées avec éloge.

Le St. Efprit ne donne aucune louange à David pour s'être mis avec cinq-cent brigands du parti du Roitelet Akis ennemi de fa Patrie, ni pour avoir égorgé les vieillards, les femmes, les enfans & les beftiaux des villages alliés du Roitelet auquel il avait juré fidélité, & qui lui avait accordé fa protection.

L'Ecriture ne donne point d'éloge à Salomon pour avoir fait affaffiner fon frére Adonya, ni à Bahafa pour avoir affaffiné Nadab, ni à Zimri ou Zamri pour avoir affaffiné Ela & toute fa famille, ni à Amri ou Homri pour avoir fait périr Zimri, ni à Jéhu pour avoir affaffiné Joram &c.

Si donc tant de crimes & tant de meurtres ne font point excufés dans *l'Ecriture*, pourquoi le meurtre d'Athalie ferait-il confacré fur le Théatre ?

I

Cer-

Certes, quand Athalie dit à l'enfant, je prétends vous traiter *comme mon propre fils*; Joza-
beth devait lui répondre: " Eh bien, Madame,
,, traitez-le donc comme vôtre fils, car il l'eſt.
,, Vous étes ſa Grand Mére; vous n'avez que
,, lui d'héritier; je ſuis ſa Tante; vous étes
,, vieille; vous n'avez que peu de tems à vi-
,, vre; cet enfant doit faire vôtre conſolation.
,, On nous avait perdus mal-à-propos dans
,, vôtre eſprit. Nous ne croions point tout
,, ce qu'on vous impute, ni ce qu'on impute
,, à Jéhu. Tant de crimes ne ſont pas vrai-
,, ſemblables. Le moyen que Jéhu ait fait
,, égorger en un jour quatre-vingt fils de Rois,
,, & que pour vous vanger d'un Etranger vous
,, ayez égorgé tous les enfans de vôtre fils
,, Ochoſias! Cela n'eſt pas dans la nature, ce-
,, la eſt abſurde. Il eſt impoſſible qu'une
,, Grand-Mére maſſacre tous ſes petits enfans,
,, parce qu'on a tué ſon mari, ſon pére & ſa
,, mére. Aucontraire, on éléve ſes petits fils
,, pour avoir un jour en eux des vangeurs. Ni
,, moi, ni perſonne ne pouvons croire que
,, vous ayez été à la fois dénaturée & inſenſée.
,, Elevez donc le petit Joas. J'en aurai ſoin
,, moi qui ſuis ſa Tante, ſous les yeux de ſa
,, Grand-Mére. "

Voilà qui eſt naturel, voilà qui eſt raiſon-
nable. Mais ce qui ne l'eſt pas, c'eſt qu'un
Prêtre diſe: J'aime mieux expoſer le petit enfant

fant à périr, que de le confier à sa Grand-Mére ; j'aime mieux tromper ma Reine, & lui promettre indignement de l'argent pour l'assassiner, & risquer la vie de tous les Lévites par cette infâme conspiration, que de rendre à la Reine son petit-fils. Je veux garder cet enfant, & égorger sa Grand-Mére, pour conserver plus longtemps mon autorité. C'est là au fond la conduite de ce Prêtre.

J'estime, comme je le dois, la difficulté surmontée dans la Tragédie d'Athalie, la force, la pompe, l'élégance de la versification, le beau contraste du Guerrier Abner & du Prêtre Mathan. J'excuse la faiblesse du Rôle de Josabeth ; j'excuse quelques longueurs ; mais je crois que si un Roy avait dans ses Etats un homme tel que Joad, il ferait fort bien de l'enfermer.

 ACTE

ACTE IV.

SCENE III.

Profanes, c'en est trop. Arrêtez, respectez
Et le Dieu qui vous parle, & ses solemnités.

Il serait à souhaiter que cette Scéne pût être représentée dans la Place qui conduit au Péristile du Temple. Mais alors cette Place occupant un grand espace, le Vestibule un autre, & l'intérieur du Temple aïant une assez grande profondeur, les personnages qui paraissent dans ce Temple ne pourraient être entendus. Il faut donc que le Spectateur supplée à la décoration qui manque.

On a balancé longtemps si on laisserait l'idée de ce combat subsister, ou si on la retrancherait. On s'est déterminé à la conserver, parce qu'elle paraît convenir aux mœurs des Personnages, à la Piéce qui est toute en Spectacles, & que l'Hierophante semble y soutenir la dignité de son caractére. Les Duels sont plus fréquents dans l'Antiquité qu'on ne pense. Le premier combat dans *Homére* est un Duel à la tête des deux Armées qui le regardent, & qui sont oisives, & c'est précisément ce que propose Cassandre.

ACTE

ACTE V.

SCENE DERNIERE.

Apprends que je t'adore & que je m'en punis.
(Olimpie en se jettant dans le bucher.)

Le suicide est une chose très-commune sur la Scéne Française. Il n'est pas à craindre que ces éxemples soient imités par les Spectateurs. Cependant, si on mettait sur le Théatre un homme tel que le *Caton d'Adisson*, Philosophe & Citoyen, qui ayant dans une main le *Traité de l'immortalité de l'ame de Platon*, & une épée dans l'autre, prouve par les raisonnements les plus forts, qu'il est des conjonctures, où un homme de courage doit finir sa vie, il est à croire que les grands noms de *Platon*, & de *Caton* réunis, la force des raisonnements & la beauté des vers, pourraient faire un assez puissant effet sur des ames vigoureuses & sensibles, pour les porter à l'imitation dans ces moments malheureux où tant d'hommes éprouvent le dégoût de la vie.

Le suicide n'est pas permis parmi nous. Il n'était autorisé chez les Grecs, ni chez les Romains par aucune Loy, mais aussi n'y en avait-il aucune qui le punît. Aucontraire, ceux qui se sont donnés la mort, comme Hercule, Cléoméne, Brutus, Cassius, Arria, Petus, Caton, l'Empereur Othon &c. ont tous été regardés comme des grands hommes & comme des Demi-Dieux.

La coûtume de finir ses jours volontairément sur un bucher a été respectée de temps immémorial dans toute la haute Asie ; & aujourd'hui même encore, on en a de fréquents éxemples dans les Indes orientales.

On a tant écrit sur cette matiére que je me bornerai à un petit nombre de questions.

Si le suicide fait tort à la Societé, je demande si ces homicides volontaires, & légitimés par toutes les loix, qui se commettent dans la Guerre, ne font pas un peu plus de tort au Genre humain ?

Je n'entends pas par ces homicides, ceux qui s'étant voués au Service de leur Patrie & de leur Prince, affrontent la mort dans les Batailles. Je parle de ce nombre prodigieux de Guerriers auxquels il est indifférent de servir sous une Puissance ou sous une autre, qui traffiquent de leur sang comme un ouvrier vend son travail & sa journée, qui combattront demain pour celui contre qui ils étaient armés hier, & qui sans considérer

idérer ni leur Patrie ni leur Famille, tuent, & e font tuer pour des Etrangers. Je demande n bonne foi fi cette efpéce d'héroïfme eft com-arable à celui de Caton, de Caffius, & de Bru-us? Tel foldat & même tel Officier a combattu our-à-tour pour la France, pour l'Autriche ë pour la Pruffe.

Il y a un Peuple fur la Terre, dont la ma-ime, non encore démentie, eft de ne fe ja-nais donner la mort, & de ne la donner à erfonne. Ce font les *Philadelphiens*, qu'on fi fottement nommés *Quakers*. Ils ont mê-me longtemps refufé de contribuer aux fraix de la derniére Guerre qu'on faifait vers le Ca-nada pour décider à quels marchands d'Europe appartiendrait un coin de Terre endurci fous la glace pendant fept mois, & ftérile pendant les cinq autres. Ils difaient pour leurs raifons que des vafes d'argile tels que les hommes, ne devaient pas fe brifer les uns contre les autres pour de fi miférables intérêts.

Je paffe à une feconde queftion.

Que penfent ceux qui parmi nous périffent par une mort volontaire? il y en a beaucoup dans toutes les grandes Villes. J'en ai con-nu une petite, où il y avait une douzaine de fuicides par an. Ceux qui fortent ainfi de la vie penfent-ils avoir une ame immortelle? Ef-
pérent-

pérent-ils que cette ame fera plus heureufe dans une autre vie ? Croyent-ils que nôtre Entendement fe réunit après nôtre mort à l'Ame générale du Monde ? Imaginent-ils que l'Entendement eft une faculté, un réfultat des Organes, qui périt avec les Organes mêmes, comme la végétation dans les plantes eft détruite quand les plantes font arrachées, comme la fenfibilité dans les animaux, lorfqu'ils ne refpirent plus, comme la force, cet être métaphyfique, ceffe d'éxifter dans un reffort qui a perdu fon élafticité?

Il ferait à defirer que tous ceux qui prennent le parti de fortir de la vie, laiffaffent par écrit leurs raifons, avec un petit mot de leur Philofophie. Cela ne ferait pas inutile aux vivants & à l'Hiftoire de l'Efprit humain.

F I N.